W. Maler

Die Stellung der höheren Schulen zu der Fremdwörterfrage

W. Maler

Die Stellung der höheren Schulen zu der Fremdwörterfrage

ISBN/EAN: 9783743381193

Hergestellt in Europa, USA, Kanada, Australien, Japan

Cover: Foto ©Paul-Georg Meister /pixelio.de

Manufactured and distributed by brebook publishing software
(www.brebook.com)

W. Maler

Die Stellung der höheren Schulen zu der Fremdwörterfrage

Die

Stellung der höheren Schulen

zu der

Fremdwörterfrage.

Von

Dr. W. Maier

Professor am Gymnasium Heidelberg.

—·—:※:—·— · —

Stuttgart.

Friedrich Frommann's Verlag (E. Hauff).

1888.

Nr. 681

des Friedrich Frommann'schen Verlags.

K. Hofbuchdruckerei Zu Guttenberg (Carl Grüninger) in Stuttgart.

Vorliegende Schrift war als Vortrag bestimmt, der auf der Versammlung „akademisch gebildeter Lehrer badischer Mittelschulen" zu Baden-Baden an Pfingsten 1888 gehalten werden sollte; weil aber die Zeit damals nur knapp zugemessen war, konnte nur ein Abschnitt desselben mitgeteilt werden. Da nun von verschiedenen Seiten der Wunsch geäussert wurde, den Vortrag im Druck erscheinen zu lassen, so kam ich demselben nach, obgleich er nichts wesentlich anderes bringt, als was schon in den vortrefflichen Schriften von Riegel, Dunger u. a. enthalten ist, und auf welche ich, wie auf die anderen Arbeiten, durch die ich Anregung und Belehrung erhalten habe, am Schluss meiner Arbeit verweise.

In Süddeutschland haben bisher die Bestrebungen des deutschen Sprachvereins noch keinen Boden gefunden; wenn es mir auch nur in bescheidenem Masse gelingen sollte, etwas zur Mitwirkung an der nationalen Arbeit anzuregen, so würde ich mich glücklich schätzen.

Als ich mich entschloss, die Frage der Fremdwörter zum Gegenstand eines Vortrags zu wählen, war ich mir von vornherein bewusst, dass ich nur auf geteilten Beifall würde zu hoffen haben. Gleichwohl will ich versuchen, heute diese Frage zu behandeln, die schon lange weite Kreise unseres Volkes beschäftigt, der aber, wie mir scheint, von seiten der höheren Schule noch nicht die gebührende Aufmerksamkeit geschenkt wurde. — Ich weiss, mit welchen Vorurteilen heute noch jeder Deutsche, der Gebildete wie der Ungebildete, dieser Frage gegenübersteht. Sind wir doch alle so daran gewöhnt, was wir hören oder lesen, mit fremden Wörtern durchwachsen zu finden, dass uns diese Erscheinung gar nicht mehr auffällig vorkommt; gebrauchen wir doch auch selbst in der Unterhaltung sowohl als im Berufe, im Briefwechsel wie in fachwissenschaftlichen Aufsätzen . diese fremden Ausdrücke, ohne dass wir darin etwas Unnatürliches sehen. Es liegt einmal in der Natur des Menschen, das was ihm täglich in der Erscheinungswelt vor Augen tritt, als notwendig anzusehen, und so erscheint der Mehrzahl der Deutschen der Gebrauch der Fremdwörter natürlich, unentbehrlich und folglich berechtigt.

Und doch liegt, wenn man näher zusieht, die Sache wesentlich anders. Wenn es wahr ist, dass die Sprache eines Volkes ein Kunstwerk ist, so wird alles das, was nicht von innen heraus entwickelungsgemäss darin sich gebildet hat, als störend angesehen werden müssen.

Es gibt nun allerdings keine Sprache eines Kulturvolkes, die ganz allein sich genügen könnte. Man vergleicht mit Recht die Völker mit Einzelwesen. So wenig wie der einzelne Mensch seine Entwickelung nur sich allein verdankt, sondern weitaus die meisten Anregungen seines Geisteslebens von seiner Umgebung empfängt, ebensowenig kann ein Volk, das darauf Anspruch macht, ein Kulturvolk zu sein, auf sich allein beschränkt bleiben; es muss in Wechselverkehr mit anderen Völkern treten und die geistigen Errungenschaften derselben in sich aufnehmen, und dadurch wird seine Sprache auf die mannigfaltigste Weise beeinflusst; mit fremden Anschauungen werden fremde Ausdrücke aufgenommen, die allmählich zum Eigentum des beeinflussten Volkes werden. So nahm bei fortschreitender Kulturentwickelung die lateinische Sprache griechische Wörter auf, so die deutsche Sprache schon in ältester Zeit, infolge des Verkehrs mit den Römern, lateinische Wörter.

Diese Wörter aber, die natürlich meist durch den mündlichen Verkehr eindrangen, wurden, ähnlich wie Steine, die in einen Bach geworfen, allmählich ihre Ecken abschleifen und eine abgerundete Form bekommen, je nach dem Bildungsgrad des Einzelnen in umgewandelter Gestalt, aufgenommen, verändert, verstümmelt, abgerundet oder vielmehr mundgerecht gemacht, entsprechend den unbewussten Sprachgesetzen der sie aufnehmenden Sprache, ähnlich wie noch heute die französische Volkssprache deutsche Wörter aufnimmt und z. B. aus Spitzbube spispouf, aus Frühstück frichti, aus Schnapphahn chenapau macht.

Die Zahl solcher Wörter ist gross; aber nur der Gebildete, oder vielmehr der lateinisch und griechisch gelernt hat, ist sich darüber klar, welche Wörter die deutsche Sprache aus dem Lateinischen in ihren Wortschatz aufgenommen hat. Heute wird niemand mehr behaupten wollen, dass solche Wörter Fremdwörter seien; man hat ihnen den Namen Lehnwörter gegeben.

Die ältesten Lehnwörter aus dem Lateinischen, die ursprünglich alle einmal Fremdwörter waren, sind Bezeichnungen für Kulturpflanzen, Wein- und Gartenbau, Begriffe aus dem Bereiche der Baukunst, Speisebereitung, Gerätschaften u. dergl., wie Kirsche, Wein, keltern (calcitrare), pfropfen (propagare), Pfau, Strasse, Ziegel, Speise (spesa = expensa), Öl, Anker, Kiste u. a.

Sodann hat die Einführung des Christentums viele Fremdwörter in die deutsche Sprache gebracht; zunächst das Wort Kirche selbst, durch den Einfluss der griechischen Kirche auf die Goten; so auch Pfaffe ($\pi\acute{\alpha}\pi\pi\alpha\varsigma$, phaffo),

Pfingsten ($\pi\varepsilon\nu\tau\eta\varkappa o\sigma\tau\acute\eta$), Teufel u. a.; dann durch den Einfluss der römischen Kirche Bezeichnungen für kirchliche
Ämter und Würden, wie Küster (custos), Messner, Mönch,
Priester; für kirchliche Bauten, Gebräuche und Gerätschaften, wie Kloster, Mette, Vesper, Kreuz, Orgel (organum)
u. v. a.

Aber nicht nur durch den Verkehr mit den Römern,
auch durch die Beziehungen mit den Nachbarvölkern im
Osten und Westen wurde unsere Sprache beeinflusst und be-
reichert. Den Slawen freilich verdanken wir weit weniger
eine solche Bereicherung als unseren westlichen Nachbarn,
den Franzosen. In Frankreich war die Kulturentwickelung
früher als in Deutschland. Von Frankreich ging auch der Ge-
danke aus, das heilige Grab den Ungläubigen wieder zu ent-
reissen: durch die Kreuzzüge wurden die Deutschen mit in
den Strom des europäischen Lebens hineingerissen und in
enge Berührung mit den Franzosen gebracht. Besonders in
den schönen Künsten waren sie in der Folgezeit unsere
Lehrmeister, wie wir ihre Nachahmer. Wie der gotische
Baustil von ihnen zu uns kam, so auch die höfische Dichtkunst: viele deutsche Gedichte jener Zeit sind nur Umarbei-
tungen von französischen Erzählungen. Gottfried von Strass-
burg mischte ganze französische Verse in seine Dichtungen;
ebenso der Tannhäuser, der in unseren Tagen von Julius Wolff
zum Gegenstand eines Epos gemacht wurde und wobei der
Dichter offenbar absichtlich durch vielfache Anwendung von
altfranzösischen Wörtern und Redewendungen ein möglichst
treues Abbild von der Sprache jener Zeit zu geben sich vor-
genommen hatte.

So war es also wieder etwas ganz Natürliches, dass
unsere Sprache im Laufe der Jahre eine Menge französischer Wörter neu aufgenommen hat, die wiederum, weil
man in jener Zeit mehr hörte als sah, in etwas umgewandelter Gestalt sich bei uns einbürgerten.

So besitzt unsere Sprache also neben den lateinischen
eine grosse Anzahl französischer Lehnwörter, denen wir kaum
mehr ihren ausländischen Ursprung ansehen und die voll-
ständiges Bürgerrecht bei uns erlangt haben. Auch solche
werden wir nicht unter den Begriff Fremdwörter rechnen.
Sie beziehen sich vornehmlich auf Turnier, Jagd, Spiel und

Tanz, Musik und Dichtkunst; und während in früherer Zeit
lateinische Zeitwörter, wie scribere, dictare, tractare, signare,
in schreiben, dichten, trachten, segnen verwandelt wurden,
fällt in jene Zeit die Aufnahme und Neubildung der vielen
Zeitwörter auf ieren, die seitdem sich in die deutsche Sprache
in überaus reicher Zahl eingebürgert haben, sowie die Wörter
auf ei, die den französischen Wörtern auf ie nachgebildet
sind, wie Jägerei, Fischerei u. a., ferner die Umstandswörter
auf lei, das das französische loi ist, in der Bedeutung von
Art und Weise, wie mancherlei, vielerlei u. a.

Eine neue Zeit begann für die deutsche Sprache, als
beim Ausgang des Mittelalters die gelehrte Bildung
sich aus den Trümmern Konstantinopels nach Italien flüchtete
und von da über die Alpen zu uns kam; es war die Zeit
des Wiederauflebens der Wissenschaften, die Zeit
der Humanisten.

Wie schon zu Beginn des Mittelalters die lateinische
Sprache einen bedeutenden Einfluss auf den Wortschatz unserer
Muttersprache, besonders in Ausdrücken, die die Kirche be-
treffen, ausübte, so war es jetzt die Schule, welche ganz auf
lateinischer Grundlage aufgebaut wurde. Die schola latina,
die an Stelle der Klosterschule getreten war, wurde die Pflanz-
stätte alles geistigen Lebens der folgenden Jahrhunderte. Auf
den Universitäten, deren es damals schon 15 in Deutschland
gab, wurde nur lateinisch gelehrt, wie überhaupt jeder feinere
Verkehr in lateinischer Sprache geführt wurde; und so tief
drang jetzt die lateinische Sprache in unsere deutsche ein,
dass diese fast eine untergeordnete Rolle zu spielen anfing:
denn wie früher die gesellschaftlich Niedergestellten durch
Aufnahme und Anwendung französischer Ausdrücke sich
den höfisch Gebildeten zu nähern suchten, so bestrebte sich
jetzt der Ungelehrte den Gelehrten nachzuahmen, indem er
lateinische Wörter gebrauchte. Es war die Zeit, „wo der
Kaiser nur mit seinem Pferde deutsch redete."

Durch die Erfindung der Buchdruckerkunst wurde das
gesprochene Wort nicht mehr das einzige Verkehrsmittel,
das geschriebene Wort trat in den Vordergrund; man
nahm das Fremdwort nicht mehr bloss mit dem Ohre auf,
und so veränderte es sich nicht mehr nach der Aufnahms-
fähigkeit des Einzelnen, auch des Ungebildeten, sondern es

drang in fremdem Gewande ein und blieb ein Fremdling
in unserem Hause, allmählich wohl bekannt, wohl gelitten,
wohl verstanden, aber immerhin ein Fremdling. Auch diese
lateinische Fremdlingschar ist ungemein gross und sie ge-
bärdete sich gar nicht sehr bescheiden und zurückhaltend,
sondern missbrauchte unsere Gastfreundschaft und verdrängte
die eigenen Hausgenossen aus ihrem angestammten Erbteil,
lateinische Wörter schlichen sich ein in die Sprache der Ge-
richte, der Verwaltung, der Hofbeamten, der Gelehrtenstuben,
und dadurch dass das Lateinische Schulsprache war, trugen
die ehemaligen Schüler es hinaus in immer weitere Kreise.

Dass das möglich war, hängt mit der politischen Geschichte zusammen; denn man kann wohl behaupten, dass,
wenn der unselige Religionskrieg und die damit zusammen-
hängende Ohnmacht Deutschlands nicht alle Spannkraft deutschen Geistes und allen Sinn für die Grösse unseres Vaterlandes untergraben hätte, ein Luther, der doch mit Recht der
Schöpfer oder Neubegründer der neuhochdeutschen Sprache
genannt wird, mit seiner Bibelübersetzung, die sich fast frei
von allen Fremdwörtern gehalten hat, einen mächtigeren und
nachhaltigeren Einfluss auf die Reinheit unserer Muttersprache
hätte ausüben können und müssen. So aber wurde Deutschland ein Spielball fremder Mächte, geriet fast ganz in schmäh-
liche Abhängigkeit des Auslands und verlor jegliche Thatkraft, das Joch, das wiederum besonders der westliche Nach-
bar auch auf unsere Sprache legte, abzuschütteln. So wurde
die lateinische Sprache allmählich durch die französische verdrängt; der Deutsche wechselte nur seinen Herrn, galt doch
nach wie vor die deutsche Sprache für minder wert als
die anderen; neben den französischen Ausdrücken waren, besonders als die Italiener nach den Kreuzzügen allmählich die
ersten Handelsherren der Welt geworden waren, im Handel
sowie zur Bezeichnung musikalischer Begriffe, italienische
Wörter eingeführt (brutto, netto, tara, conto, giro u. a.;
adagio, crescendo u. s. w.).

Es sind aber auch noch andere Gründe, weshalb
die Fremdwörter so leicht in die deutsche Sprache Eingang
fanden. Die deutsche Nation zeigte frühzeitig Charakter-
züge, die sie von allen anderen Völkern auffallend unterscheiden: so wild, ungebärdig, ungeschlacht und ungestüm

wohl der Deutsche ursprünglich war, so sehr er auch heute noch seine schroffen Seiten anderen gegenüber hervorzukehren versteht, so zeigte sich doch frühzeitig ein ungemeiner Trieb, von anderen zu lernen, aufzunehmen, sich in Fremde zu schicken, sich ihnen gefällig zu erweisen. Es erklärt sich diese Eigenart wohl aus der Lage des Landes im Mittelpunkte unseres Erdteils und aus den fast nach allen Seiten hin offenen Landesgrenzen. War doch im Mittelalter ein fortwährendes Durchziehen durch das Land von Westen nach Osten. Da galt es, den Fremden gegenüber sich angenehm zu machen, sich nicht schroff von ihnen abzuschliessen, sondern sich ihnen möglichst anzubequemen.

Und dass die neu aufgenommenen Wörter nicht etwa nur Eigentum von Einzelnen wurden, ist, auch bei dem Nichtvorhandensein eines ausgebildeten schriftlichen Verkehrs, einmal in dem natürlichen Bestreben der höheren Stände, sich vor dem gemeinen Volke auch durch eine gewähltere Sprache auszuzeichnen und dann in dem ebenso natürlichen Hang der Niederstehenden, den gesellschaftlich Bevorzugten nachzuahmen, begründet, ein Wesenszug, der wohl jedem Menschen mehr oder weniger eigen ist und bei den Deutschen auch noch heute, gerade in der Fremdwörterfrage, sich geltend macht.

Zwar fehlte es nicht an Männern, welche ihre Stimme gegen diese Knechtschaft erhoben, in der wir auch mit unserer Sprache gefesselt lagen; und es ist eine Pflicht der Gerechtigkeit, die Bestrebungen jener Männer hervorzuheben, gerade in jetziger Zeit, wo man angefangen hat, wieder mehr als früher der Reinheit unserer Muttersprache Beachtung zu schenken. Um so mehr scheint es mir eine Pflicht der Billigkeit zu sein, das Gute, was in jenen deutschgesinnten Männern lag, zu betonen, als man gemeiniglich lächelnd, spöttisch und verächtlich schon bei Nennung der Namen über sie zur Tagesordnung übergeht.

Es ist ja wahr, wenn man den Menschen an seinen Werken erkennt, so war der Erfolg eines Philipp von Zesen u. a. leider nicht bedeutend und bleibend. Daran waren jene Männer aber nur zum Teil schuld. Infolge eines bedauerlichen Übereifers für die gute Sache liessen sie sich verleiten, bei der Säuberung der deutschen

Sprache Wörter zu verdeutschen, die längst in den Sprach-
schatz des deutschen Volkes übergegangen waren; es waren
eben jene Lehnwörter, die nun einmal zum Eigentum der
deutschen Sprache geworden waren. Wenn man heutzutage
weiss, dass damals vorgeschlagen wurde, Kamin mit Dach-
nase, Muskete mit Schiessprügel zu übersetzen u. a., so
glaubt man genug über jene Richtung der Sprachverbesserung
zu wissen und bricht den Stab darüber, da ihr ja der Fluch
der Lächerlichkeit anhaftet. Und doch ist der Mut jener
Männer nicht gering anzuschlagen, die es versuchten, an ein
eingewurzeltes Übel Hand anzulegen, getragen von vater-
ländischer Begeisterung, in dem Bestreben, den Deutschen
eine reine Muttersprache wieder zu verschaffen, der Mut, der
es unternahm, gegen eine allgemein menschliche Schwäche,
nämlich die Nachäfferei und Bequemlichkeit anzukämpfen.
Aber wenn unter der vielen Spreu der vorgeschlagenen Verdeutschungen nur einige Körner sich finden, so müssen wir
das dankbar anerkennen. Und sollte denn eine Geistesrich-
tung mit Recht so abfällig beurteilt werden dürfen, der doch
auch Männer wie der grosse Kurfürst von Brandenburg ihre
Aufmerksamkeit geschenkt haben!

Ich kann wohl über die Sprachgesellschaften (besonders
die fruchtbringende Gesellschaft oder den Palmenorden und
den Pegnesischen Blumenorden), sowie über einen Ägidius
Tschudi, Mart. Opitz, Friedr. von Logau, Harsdörfer, Schot-
telius, Joachim Rachel u. a. ehrenwerte Männer, „die mitten
im grössten Jammer des deutschen Vaterlandes den Gedanken
an dessen Grösse und Hoheit nicht fahren liessen und in der
Hebung und Verherrlichung der deutschen Sprache einen Ersatz für die politische Schmach ihres Jahrhunderts suchten,“
wegen der Kürze der Zeit rasch hinweggehen*.

Dass aber thatsächlich die Reinheit der deutschen Sprache
nicht gebessert, im Gegenteil dieselbe immer mehr von einer
Unzahl besonders französischer Wörter überschwemmt wurde,
daran war weniger die ungeschickte Übertreibung jener Ge-
sellschaften und Männer schuld, als vielmehr dieselben Gründe,
aus denen überhaupt die Fremdwörter so leicht sich ein-
schleichen konnten, das übermächtige Emporkommen

---

* Vergl. Raumers Geschichte der Pädagogik III, 2, S. 63.

Frankreichs seit dem 16. Jahrhundert, das auch das geistige Aufleben Deutschlands hemmte und jene schon erwähnte bedauerliche Eigenart der Deutschen, auf das Fremde im Übermass Rücksicht zu nehmen. Ist doch höchst bezeichnend für uns, dass, wenn wir etwas als minderwertig ausdrücken wollen, wir sagen: „es ist nicht weit her.“ Diese Höherschätzung alles Fremden, weil es eben fremd ist, zeigt einen bedenklichen Mangel an Nationalbewusstsein, zu dem sich dann noch eine gewisse Eitelkeit gesellt, im stande zu sein, mehr zu wissen als andere, die dann von den Unwissenden thöricht nachgeahmt wird.

Bedauerlicher Weise gaben in der Sucht, Fremdwörter anzuwenden, die Höfe ein schlimmes Beispiel, das wegen jenes Nachahmungstriebes der Niederstehenden verhängnisvolle Folgen hatte. So verwelschte allmählich die deutsche Sprache, dass man von einem gänzlichen Verfall derselben im Anfang des 17. Jahrhunderts reden kann. Und während noch der grosse Kurfürst sich bestrebte, in seinen Verordnungen ein möglichst reines Deutsch zu gebrauchen, wie das in betreff der Berliner Bauordnung vom Jahre 1641 (vergl. Preussische Jahrbücher XXIII, S. 360) nachgewiesen wurde und Friedrich Wilhelm I. von Preussen ein mit französischen Wörtern durchzogenes Deutsch schrieb („ich stabiliere die Souveränetät wie einen Rocher de Bronce!“), hat sich Friedrich der Grosse lieber der feinen, wohltönenden, französischen Sprache bedient, als der mit fremdem Flitterwerk verzierten deutschen Sprache, die der Reinheit und Schönheit gänzlich ermangelte.

Hier muss ich aber noch zwei Männer besonders erwähnen, die gegen Ende des 17. Jahrhunderts als Verfechter der Reinheit unserer Muttersprache hervorzuheben sind: Leibnitz und Thomasius. Jener hat zwar seine Hauptwerke lateinisch oder französisch geschrieben; doch aus seinem Aufsatz „unvorgreifliche Gedanken, betreffend die Ausübung und Verbesserung der teutschen Sprache“, den er um das Jahr 1697 verfasste, sehen wir die echt deutsche Gesinnung dieses Mannes; und Thomasius hat sich nicht gescheut, zu verlangen, dass die deutsche Sprache wieder in ihre Rechte eingesetzt werde („Discours, welcher Gestalt man denen Frantzosen nachahmen solle,“ 1687), und nicht nur wagte er es, diese Sätze an das schwarze Brett der Universität Leipzig, „welches noch nie durch die deutsche Sprache entweiht worden war," anzuschlagen, sondern er hielt auch seine Vorlesungen zum ersten Male in deutscher Sprache.

Nachdem aber einmal die Hand in die Wunde gelegt, nachdem, allerdings vergeblich, im 17. Jahrhundert die Deutschen auf ihre verunreinigte Sprache aufmerksam gemacht worden waren, fehlte es seit dieser Zeit nicht an Männern, die in die Fussstapfen jener älteren traten. Musste es einen etwas weitblickenden vaterländischen Mann doch tief innerlich schmerzen, wenn er sah, dass das deutsche Volk mit seinen hohen Geistesgaben nicht nur politisch zu einer unbedeutenden Rolle heruntergedrückt war, sondern auch, dass das teuerste, was ein Volk besitzt, s e i n e S p r a c h e, in der schmählichsten Abhängigkeit von dem Nachbarvolk schmachtete.

Man mag über G o t t s c h e d s Schriften und dessen Eigenart urteilen, wie man will, sein echt deutsches Wesen, mit dem er auf eine Verbesserung der deutschen Sprache dringt, muss rühmend hervorgehoben werden; oder wer wollte es wagen, heute den von ihm (in seiner „vollständigen und neu erläuterten deutschen Sprachkunst", Leipzig 1748) aufgestellten Grundsatz zu bekämpfen: „wo im Deutschen gute Worte vorhanden sind, da ist es lächerlich, sich der Fremden zu bedienen?"

An L e s s i n g, K l o p s t o c k, H e r d e r wagen sich die Verfechter unserer verunstalteten Muttersprache nicht heran, und doch treten auch diese für die Reinheit derselben ein jener in den Briefen, die deutsche Literatur betreffend (14. Brief), Klopstock in der deutschen Gelehrtenrepublik, Herder in seinen „Briefen zur Beförderung der Humanität". Der letzte hat für uns Badener deshalb ein um so grösseres Interesse, als er sich an den Markgrafen K. Friedr. v. Baden mit dem Vorschlage wandte, die Gründung einer deutschen Sprachakademie zu veranlassen*, ein Vorschlag, der in unseren Tagen wieder auftauchte und sicherlich einmal der Verwirklichung entgegengehen wird**.

---

* Denkschrift über die Errichtung eines patriotischen Instituts für den Gemeingeist Deutschlands 1788.

** Du Bois-Reymond, über eine Akademie der deutschen Sprache 1874. Vergl. auch Riegel, „ein Hauptstück von unserer Muttersprache," S. 61 ff.

Wenn Männer wie die ebengenannten, die in der deutschen Literaturgeschichte einen so hellen Klang haben, nicht grösseren Einfluss auf die Heilung des Übels ausübten, so ist es nicht zu verwundern, dass ein Joachim Heinrich Campe nicht grösseren Erfolg hatte, wenn er auch sein ganzes Leben diesem Kampfe gegen die Fremdwörter widmete: aber auch er verfiel leider in jene lächerliche Übertreibung, die der Sache viel mehr schadete als nützte. Gleichwohl muss er billiger Weise als Vorkämpfer mit Anerkennung seines edeln Strebens rühmend genannt werden. Dieser Mangel an Einfluss aber ist eben nur dadurch erklärlich, dass auch die Geschichte der Sprache sich nicht loslösen kann von der politischen Geschichte. Zur Zeit der tiefsten Erniedrigung unseres Volkes hat naturgemäss auch die lauteste Klage über den Verfall der Sprache ertönt. So erwachte, als das Volk sich von dem Joch des Bezwingers befreite, neue Hoffnung, dass es nun auch seine Sprache von den fremden Elementen unabhängig machen werde. Und so sehen wir Fichte, E. M. Arndt, Fr. Schlegel, Th. Körner, Max v. Schenkendorf, Fr. Rückert, L. Uhland mannhaft gegen die Verwelschung unserer Muttersprache eintreten.

An eine schwächere Bewegung in den 40er Jahren, also auch wieder, als man von der Wiederaufrichtung eines mächtigen deutschen Reiches träumte, darf ich, als keinen wesentlichen Einfluss ausübend, rasch vorübergehen, obgleich sie uns Badener näher angeht; es war Dr. Brugger in Heidelberg, der in gut gemeintem Eifer, aber auch in geschmackloser Übertreibung sich der Sache annahm. Immerhin wurden, ähnlich wie auch Campe nicht ohne Einfluss auf Goethe, Schiller, Jean Paul gewesen, Männer wie Gervinus und Häusser von ihm beeinflusst; so hat Gervinus den Titel seiner Geschichte der poetischen National-Literatur in der 4. Auflage geändert in: Geschichte der deutschen Dichtung.

Und so sind wir in der Gegenwart angelangt.

Wie steht es heute mit der Anwendung von Fremdwörtern in unserer Sprache? Die Antwort auf diese Frage kann vom Standpunkte dessen, der auf Reinheit der Sprache hält, nur betrübend ausfallen. Nehmen Sie irgend eine Zeitung in die Hand: von der ersten bis zur letzten Seite werden Sie auf fremde Ausdrücke stossen, die für unbedingt entbehrlich gehalten werden müssen, da wir einen guten deutschen Ausdruck dafür setzen können. Unser ganzes Leben, alle Beziehungen desselben l e i d e n unter diesem Übel: Handel und Gewerbe. Kunst und Wissenschaft, Haus und Schule, Kirche und Staat, der ganze Verkehr ist, soweit die Sprache in Betracht kommt, mit Fremdlingen durchzogen. Wer genauer beobachtet, findet, dass noch heute neue Fremdwörter „wie der Dieb in der Nacht" kommen. Die Z e i t u n g e n mit ihrer überhasteten Arbeit tragen hieran besonders schuld. Ein eingetroffener Drahtbericht in einer fremden (gewöhnlich der französischen) Sprache muss möglichst schnell übersetzt und verbreitet werden; wie kann man dabei leichter und bequemer verfahren, als dadurch, dass man möglichst viele Fremdwörter aus dem Französischen aufnimmt, von denen man dann voraussetzt, der Leser werde sie schon verstehen oder sich zurechtlegen, unbekümmert darum, ob damit auch richtige Begriffe verbunden werden. Die so neu auftauchenden Wortgebilde machen sich bald breit und geraten, von den anderen Zeitungsschreibern aufgenommen, in den Strom der Leser, fühlen sich in der Zahl der anderen massenhaften Fremdlinge ganz wohl, und niemand denkt daran, ihnen den Laufpass zu geben. — Sollte mit dem mangelhaften Verständnis der fremden Ausdrücke nicht auch die politische Unklarheit der grossen Masse zusammenhängen, die man vielfach antrifft? Alle Schlagworte unserer berühmten Volksredner und Volksvertreter sind Fremdwörter; Parlamentarismus, Liberalismus, Reaktion, Septennat, Sozialist u. s. w., was denkt sich der gemeine Mann eigentlich bei diesen Wörtern, was kann er sich dabei denken?

Ebenso glauben die K a u f l e u t e in ihren Anzeigen mit der Anpreisung ihrer Neuigkeiten auch neue Fremdwörter verbinden zu müssen, um die Ware noch besonders zu empfehlen. Ich kann mir Beispiele ersparen, die jeder aufmerksame Beobachter von selbst überaus reichlich finden kann. Vergleicht man unsere heutige Sprache mit der vor 100 Jahren, so sehen wir, dass zwar eine ganze Reihe von Fremdwörtern von damals heutzutage veraltet und ungebräuchlich sind, dass aber andrerseits heute viele fremde Ausdrücke in Menge sich finden, die damals noch ganz unbekannt waren und die ganz gut durch deutsche Wörter wiedergegeben werden können; von Kunstausdrücken neuerer Erfindungen rede ich natürlich nicht*.

Es ist eine ganz besondere Eigentümlichkeit der deutschen Sprache, dass sie Fremdwörterbücher besitzt. Schon im 16. Jahrhundert wurden Sammlungen von solchen fremden Ausdrücken angelegt, die nicht deutschen Ursprungs waren („ein teutscher Dictionarius" u. s. w. zusammengelesen, ausgelegt und zu gutem publiciert durch Simon Roten, Augspurg 1572**). Seitdem zählt man über 90 solcher Fremdwörterbücher. Die bekanntesten in der neuesten Zeit sind die von Heyse und Sanders. Heyse hat ungefähr 90 000, Sanders deren 70 000 Fremdwörter.

Die Zahl der Fremdwörter in der deutschen Sprache wird erst mit einem Vergleich der deutschen Wörter selbst in ein helles Licht gestellt: Man hat berechnet, dass das Wörterbuch von Grimm, das bekanntlich kein Fremdwort aufgenommen hat und das bis jetzt bis K fortgeführt ist, im ganzen nach der Vollendung desselben etwa 500 000 Wörter aufweisen wird; nach anderer Berechnung, wenn man nämlich die vielen Wortzusammensetzungen ausser acht lässt, 200 000. Von besonderer Bedeutung ist hierbei die Frage, wie viele Wörter überhaupt der einzelne Mensch gebraucht und wie viele Wörter andere Sprachen aufweisen. Das ausführliche englische Wörterbuch von Flügel enthält in der Ausgabe von 1843 im ganzen 94 000 Wörter; nach Max Müller stehen in dem grossen kaiserlichen chinesischen Wörterbuch 43 000 Wörter; Shakespeare verwendete im ganzen 15 000, Milton 8000, das alte Testament 6000 Wörter, Homer etwa 8000, Horaz 4600, Xenophon 3200 (nach Dunger); ungebildete Leute auf dem Lande kommen mit 300—500 Wörtern ihr lebenlang aus.

Nun ist freilich richtig und muss ausdrücklich bemerkt werden, dass unter der angegebenen Zahl von 90 000 Fremd-

---

* Dunger, S. 43, führt über 300 Fremdwörter an, die seit etwa 80 Jahren bei uns eingeführt wurden.
** Der vollständige Titel heisst: Ein Teutscher Dictionarius dz ist ein aussleger schwerer, unbekandter Teutscher, Griechischer, Lateinischer, Hebraischer, Wälscher und Frantzösischer, auch andrer Nationen wörter, so mit der weil inn Teutsche sprach kommen seind, und offt mancherley jrrung bringen: hin und wider auss mancherley geschrifften, und gemainer Red zusamen gelesen, ausgelegt, und also allen Teutschen, sonderlich aber denen so zu Schreibereien kommen, unn Ampts verwaltung haben, aber des Lateins unerfarn seind, zu gutem publiciert: durch Simon Roten. Augspurg 1572.

wörtern fast auf jeder Seite Wörter vorkommen, die wohl
kaum alle Gebildeten kennen oder gar noch nie gehört haben;
ich wenigstens gestehe ganz offen, dass mir Ausdrücke wie
Schoinobant (für Seiltänzer), Volik (ein kleines türkisches
Fahrzeug), Kybomantie (Wahrsagung mit Würfeln), Periblema
(Umwurf), Synolke (Krampf) u. v. a. unbekannt waren, dass
ich mich ferner nicht erinnere, decharnieren (das Fleisch ab-
lösen), faussieren (verbiegen, verdrehen), Praeopinant (einer,
der zuerst eine Meinung sagt) u. v. a. jemals gehört zu
haben. Daher wird man wohl jene Zahl von 90000 bedeutend einschränken können, wenn wir die Zahl der gebrauchten Fremdwörter auch nur annähernd angeben wollen;
und so wird auch die angestellte Berechnung, dass auf 7
deutsche Wörter ein Fremdwort kommt, herabgesetzt werden
müssen. Immerhin bleibt aber doch als Thatsache bestehen,
dass sich die Fremdwörter in der deutschen Sprache zu den
deutschen Wörtern mindestens wie 1 zu 10 verhält. Und
jedenfalls giebt es Beispiele, die ja schon aus Schriftstellern
reichlich gesammelt sind, welche beweisen, dass dies Verhält-
nis das Übel zu günstig bezeichnet, da in 5 Druckzeilen oft
10—12 und noch mehr sich vorfanden.

Dass also ein thatsächliches Übel vorhanden ist, wird
wohl von niemand in Abrede gestellt werden können, und
selbst der Verfechter der Berechtigung der Fremdwörter beschränkt sich nur auf gewisse Gebiete, in denen er dieselben
nicht entbehren zu können behauptet. Dagegen erhoben sich,
wie schon bemerkt, in den letzten Jahren so viele laute
Stimmen, die eine Abhilfe des Übels verlangen, dass es nicht
angeht, dieselben einfach totzuschweigen oder zu überhören.

Seit der Wiederherstellung des deutschen Reiches hat
sich das Selbstbewusstsein in dem deutschen Volke derart
gehoben, dass es sich in allen Schichten der Bevölkerung, in
allen Lebenskreisen und Berufsarten rührt und regt, auch
unsere Sprache immer mehr selbständig zu machen, sie von
dem fremden Flitterwerk zu reinigen, das Bewusstsein des
Volkes zu wecken und zu kräftigen, einer möglichst reinen
Sprache sich zu befleissigen.

Nicht nur im Mutterlande, auch im Auslande, wo viele
Deutsche beisammen wohnen, wie in Nordamerika, erhebt sich
der Ruf nach einer Reinigung unserer Sprache (vergl. die in

Medford in Wisconsin erscheinende deutsche Zeitung „der
Waldbote“ vom 5. Jan. 1885).

Die Schriften und Aufsätze, die, in diesem Geiste seit
1870 erschienen, sind schon ganz ansehnlich. Am bekanntesten sind die Bestrebungen des Generalpostmeisters
Stephan, der auf ausdrücklichen Befehl unseres grossen
Reichskanzlers, der ihm thunlichste Vermeidung der Fremdwörter zur Pflicht machte, schon im Dezember 1874 und
Juni 1875, dann neuerdings November 1886 in einzelnen
Verordnungen durch Ersetzung vermittelst deutscher Ausdrücke 700 fremdländische beseitigt hat. Und wenn auch
anfangs viele darüber gelächelt und das Vorgehen bespöttelt
und als unnötig verworfen haben, er liess sich in seinem
Unternehmen nicht irre machen, und heute wird wohl kein
Mensch an dem Ausdruck postlagernd Anstoss nehmen, nachdem das poste restante aus dem Gebrauch verschwunden ist.

Stephans Bestrebungen haben sich die obersten
preussischen Behörden in der Bau- und Eisen-
bahnverwaltung angeschlossen und erst neulich durch
einen Erlass vom 23. April d. J. die alten Bezeichnungen
„Abonnementskarte“, „Abonnementspreis“, „Abonnent“, „Abon-
nementsinhaber“ in Zeitkarte, Kartenpreis, Karteninhaber u. s. w.
ersetzt. Auch die bisherigen „Retourbillets“ sind den Rück-
fahrtskarten gewichen. Zu wünschen wäre nun, dass die
deutschen Bezeichnungen möglichst bald auch auf den neu zur
Ausgabe gelangenden Zeitkarten überall Anwendung finden
möchten. Auch die Verwaltung der königl. würt-
tembergischen Staatsbahnen hat bestimmt, statt Bil-
let das Wort Fahrtkarte zu gebrauchen.

Neben dem Postwesen mit seinem thatkräftigen Leiter
an der Spitze hat sich besonders der Verband deutscher
Architekten und Ingenieure der Bewegung angeschlossen, und das ist um so bemerkenswerter, als gerade auf dem
technischen Gebiete eine Masse fremde Kunstausdrücke bisher
gebräuchlich waren, die jetzt allmählich durch deutsche ersetzt werden, und es ist eine deutsche Baukunstsprache an-
gebahnt, wie aus dem Bericht der Preisrichter zur Begut-
achtung der Entwürfe für die Heizungs- und Lüftungsanlage
des neuen Reichstagsgebäudes hervorgeht.

Besonders von Bedeutung ist es, dass auch unsere

Rechtssprache sich der möglichsten Reinheit befleissigt. Schon das sächsische bürgerliche Gesetzbuch vom Jahre 1863 zeichnet sich durch grosse Sprachreinheit aus (vergl. Salpius, preuss. Jahrbücher XXIII, S. 356); für das deutsche bürgerliche Gesetzbuch wurde Sorge getragen, dass man sich thunlichst deutscher Ausdrücke bediente*; das Weimarer Staatsministerium hat auf unmittelbare Anregung des Grossherzogs von Sachsen (Dezember 1883) an die Behörden des Landes einen Erlass kundgegeben, den Gebrauch der Fremdwörter einzuschränken.

So schlimm es noch mit den meisten deutschen Zeitungen steht, so machen doch einige und zwar die zu den bedeutendsten gehören, eine lobenswerte Ausnahme; hier ist besonders die Kölnische Zeitung hervorzuheben. Nachdem schon im Jahre 1868 die Leitung der Gartenlaube ihren Mitarbeitern die möglichste Vermeidung der Fremdwörter empfohlen hat, hat dasselbe die Leitung des Magazins für die Literatur des In- und Auslands** und die der Zeitschrift der historischen Gesellschaft für die Provinz Posen im Jahre 1885 gethan, an die sich im April 1887 das deutsche Literaturblatt anschloss. Von unseren grösseren badischen Zeitungen war seiner Zeit die badische Landeszeitung von einem rühmlichen Streben beseelt, die Fremdwörter möglichst zu vermeiden; doch habe ich mir gerade in den letzten Wochen aus den verschiedenen Nummern eine ganz erkleckliche Anzahl entbehrlicher Fremdwörter herausgeschrieben***; die Leitung scheint also den

---

* Vergl. den Vortrag des Landgerichtsdirektors Mitscher im Sprachverein zu Köln: „Die deutsche Sprache und die neuen Justizgesetze" (Köln. Zeitung vom 6. Mai 1888, Nr. 126).

** Das Magazin für die Literatur des In- und Auslands stellt in Nr. 21 vom 19. Mai 1888 an die Herren Mitarbeiter und Leser des Magazins das ebenso herzliche wie dringende Ersuchen, in ihren Beiträgen und Einsendungen sich nach Kräften aller unnötigen Fremdwörter zu enthalten und solche durch bezeichnende und zielkräftige deutsche Wortbildungen zu ersetzen; aber zugleich an alle Leser des Magazins die Bitte, fortgesetzt und unverdrossen für alle griechischen und sonstigen Fremdwörter, die sich noch in dieser Zeitschrift finden werden, uns entsprechende deutsche Ausdrücke, die ihnen gegenwärtig sind, auf einer Postkarte mitzuteilen, wovon dann, falls die Wortbildungen sich brauchbar erweisen, bei nächster Gelegenheit Nutzen gezogen wird."

*** So: Reduktion, prompt, Konkurrenzneid, Zuschlagsprämie, Prämienzuschlag, finanzielle Gefahren, Risikoklassen, Direktorenkonferenz. Kanzlerkrise, Konflikt, radikale, oppositionelle Presse, Entrüstungsartikel, agitato-

Kampf aufgegeben zu haben, was sehr zu bedauern ist, denn
gerade die Zeitungen haben einen ausserordentlichen Einfluss
auf das Volk; wie viele Menschen lesen überhaupt gar nichts
anderes als ihre Zeitung!

Dass auch die Sprache unseres Heerwesens*, die bisher noch ganz im Banne des Fremdwortes stand und teilweise noch steht, sich von demselben zu befreien anfängt,
zeigen die Bestrebungen des Berliner Militärwochen-
blattes und des Militärischen Literaturblattes für
die Sprachreinigung; und es ist nachgewiesen, dass das Ge-
neralstabswerk über den Krieg von 1870/71 vom 2. Heft
an sehr viele Fremdwörter durch deutsche Ausdrücke ersetzt
hat (z. B. Distanz mit Abstand, Entfernung; Ravin — Thal;
Cernierung — Einschliessung; dominieren — überhöhen, be-
herrschen; Tirailleure — Plänkler; Terrain — Gelände, Ge-
filde, Vorland u. a.). So enthält sich das neue Militär-
Strafgesetzbuch, sowie das neue Infanteriereigle-
ment möglichst der Fremdwörter (Mil. Wochenblatt 1874.
S. 867), wie auch infolge einer kaiserlichen Verordnung vom
15. Februar 1887 das Ballondepartement in Luftschiffer-
abteilung umgewandelt wurde (Tägl. Rundschau 1884, No. 100).
In diesen Tagen ist auch ein „Verdeutschungswörterbuch
fachmännischer und dienstlicher Sprache des deutschen Wehr-
tums" herausgekommen, von Major v. Pfister, Docent an der
techn. Hochschule zu Darmstadt.

Dass ferner in den allerhöchsten Kreisen** dem
Streben nach Reinheit der Muttersprache Teilnahme und Er-

rische Arbeitsamkeit, Maurerstreik, Streikmacher, Agitationspresse, kon-
sequent, Grundidee, Projekt, Funktionen, polemisieren, konstitutionell, kon-
struieren, politische Charakterlosigkeit, ultramontane Sophisterei, appellieren,
legendenhaft, internationaler Ophthalmologenkongress, heroisch, Katastrophe,
offiziös, personifiziert, sympathisch, Opposition, blamiert, Loyalitätsmäntel-
chen, Desinfizierung, Fraktion, (nationalliberales) Parteiorgan, prinzipiell,
trauriges Institut, bedeutende Reserven, Motiv, das politische Moment, interne
Angelegenheit, Konsequenz, vordemonstriert, Kategorie, Kriterium, Material,
ad captandam benevolentiam, medias in res, Exporteur, publizistisches Ab-
schwächungsmanöver, Devise, Privatmonopol, Interessenkreise, Schnapsagi-
tation, Mobilisierung, professionierter Branntweintrinker, point d'honneur,
unqualifizierbar, intimere Vorgänge, System, Protest, agitieren, Revanche-
partei, Hauptmoment, konfessioneller Friede, plädieren, Hausindustrie, pari-
tätisch, Intoleranz, Zeremonie, Korrektheit, Amalgamierung, Privilegium.
landesherrliche Signatur, Dekreturen u. v. a.
   * Vgl. preuss. Jahrbücher 1869, S. 363.
   ** Vgl. preuss. Jahrbücher 1869, S. 363 A.

munterung gezollt und dass hierin mit gutem Beispiel vor-
gegangen wird, beweist eine der ersten Bestimmungen Kaiser
Friedrichs, dass an die Stelle der bisher üblichen Bezeichnung „Konseilsitzung" der Ausdruck „Kronrat" zu treten
habe, sowie dass das neue Palais in Potsdam den Namen
„Schloss Friedrichskron" genannt werden solle; ferner sollte
auf Anordnung des Kaisers an Stelle der in Preussen ge-
bräuchlichen Bezeichnung der Dienstentlassungsurkunde mit
„Dimissoriale" das Wort Abschied treten (vergl. auch den
Erlass vom Kaiser Friedrich an den Minister Maybach vom
30. April 1888, in dem alle Fremdwörter vermieden sind).
Dass auch S. kgl. Hoheit der Grossherzog von
Baden an der Frage regen persönlichen Anteil nimmt, zeigt
das huldvolle Handschreiben vom 5. April 1883 an Prof.
Riegel in Braunschweig, den Gründer des allgemeinen deutschen Sprachvereins, worin es als eine „uns obliegende Pflicht
anerkannt wurde, die deutsche Sprache zu pflegen, sie von
Fremdlingen zu säubern und durch die sorgfältige Entwickelung der in ihr vorhandenen Keime sie zu immer grösserer
Leistungsfähigkeit auszubilden."

Nachdem so seit etwa 15 Jahren ein entschiedener Um-
schwung in allen deutschen Kreisen zu Gunsten einer Ver-
minderung der Fremdwörter sich kund gegeben hatte, gründete
der ebengenannte Prof. Riegel, Vorstand des kgl. Museums
in Braunschweig, im Jahre 1885 den allgemeinen deutschen Sprachverein, dessen Satzungen über den Zweck
desselben sagen, er bestehe darin, die Reinigung der deutschen Sprache von den unnötigen fremden Bestandteilen zu
fördern, die Erhaltung und Wiederherstellung des alten Geistes
und eigentümlichen Wesens der deutschen Sprache zu pflegen
und auf diese Weise das allgemeine nationale Bewusstsein
in dem Volke zu kräftigen. Im Ausschuss sind Bodenstedt,
Hamerling, Prof. Hildebrand in Leipzig, Scherenberg in Berlin,
Sanders, Bennigsen, Esmarch u. a.; Anfang 1887, also nach
einem Jahre, zählte man schon 61 Zweigvereine mit über
4000 Mitgliedern.

Wenn ich nun noch endlich hinzufüge, dass der Börsen-
verein deutscher Buchhändler im Mai 1886 die Bitte
an alle Buchhändler gerichtet hat, die entbehrlichen Fremd-

wörter im Geschäftsverkehr möglichst zu vermeiden und dass
der Verein deutscher Gastwirte in Dresden 1886 sich
den Bestrebungen angeschlossen hat, so ist ersichtlich, dass
sich fast alle gebildeten Kreise des Volks mit der Frage
der Sprachreinigung beschäftigt haben, und so ist wohl die
Annahme berechtigt, dass diesmal der Kampf nicht vergeblich sein werde.

Man kann mit Fug und Recht erwarten, dass auch die
Schule dazu Stellung nimmt und nicht mehr geringschätzend
und abweisend vornehm zusieht, wie etwa allmählich der
Kampf sich entwickeln wird. Ja es trifft sie der Vorwurf,
dass sie nicht schon früher die Sache in die Hand genommen
hat, um den Sinn für die Reinerhaltung der Muttersprache
zu erwecken. Denn bedenken wir, dass immer nur erst ein
schwacher Anfang gemacht ist und dass in gewissen Kreisen
das Verständnis für diese Frage noch nicht recht vorhanden
zu sein scheint. Und weil gerade in unserer Zeit im Wett-
kampf der Völker der Verkehr eine ganz andere Ausdehnung
gewonnen hat, als er sich vor 100 Jahren auch nur träumen
liess, gerade deshalb haben in Anbetracht der deutschen Eigenart ernste Männer auf die Gefahr aufmerksam gemacht, die
der deutschen Sprache droht, wenn sie sich nicht wappnet
und schützt gegen die Überflutung fremder Bestandteile. Es
ist mehr als je vorher eine nationale Sache geworden,
den Kampf aufzunehmen, wie dies Direktor Hess in Altona
in seiner Schrift „über den Wert der deutschen Sprache
für nationales Bewusstsein und nationalen Zusammenhalt" ausführt*, in welcher er zu dem Schluss kommt,
dass, wenn die deutsche Sprache im Kampf um das Dasein
von der englischen Sprache nicht schliesslich verdrängt werden will, wir auf die Stärkung derselben nach aussen wie
nach innen bedacht sein müssten; nach aussen durch
Unterstützung der auswärtigen Schulen, was sich
der allgemeine deutsche Schulverein als Ziel gesetzt,
nach innen durch fortwährende Veredelung und
Reinigung der Sprache, eine Aufgabe, die sich der allgemeine deutsche Sprachverein gestellt hat.

Aber auch in der Art des Kampfes sehe ich gegen

---

* Zeit- und Streitfragen, neue Folge, II. Jahrgang Heft 16.

früher eine Gewährleistung, dass in absehbarer Zeit die deutsche Sprache möglichst von Fremdwörtern gereinigt sein wird. Während jene wackern Männer des 18. Jahrhunderts in ihrem Eifer gegen die Fremdwörter sich vielfach Übertreibungen und mitunter lächerliche Geschmacklosigkeiten haben zu schulden kommen lassen, gilt jetzt überall der Grundsatz: keine Übereilung, keine Übertreibung; nur den Fremdwörtern ist der Krieg zu erklären, die durch einen guten deutschen Ausdruck ersetzt werden können. Welcher Verständige könnte sich gegen diesen Grundsatz mit Recht auflehnen, aufzulehnen wagen!

Es fehlte nun auch in Lehrerkreisen nicht an Vorschlägen, Ermahnungen, Warnungen; aber so lange nur der einzelne Lehrer für seine Person der Frage Beachtung schenkt, wird nichts Wesentliches erzielt, es muss vielmehr der ganze Stand für die Sache gewonnen werden.

Es ist nun doch sehr bezeichnend, dass von 15 bedeutenderen Schriften, die in dem letzten Jahrzehnt über die Fremdwörterfrage erschienen sind, nach einer Umfrage, die ich bei sämtlichen grösseren Anstalten des badischen Landes, d. h. Gymnasien, Realgymnasien und Progymnasien gehalten habe, nur in zwei Anstalten je eine in der Lehrerbibliothek sich findet. Dies Ergebnis war mir einerseits ermutigend, da ich überzeugt war, dass ich eine Frage zur Sprache bringen würde, die, mögen auch einzelne für ihre Person sich mit ihr beschäftigt haben, noch nicht vor allen Amtsgenossen bis zum Überdruss breit getreten ist; andrerseits dagegen flösste es mir jene Besorgnis ein, von der ich zu Beginn geredet habe, da ich fast voraussetzen musste, dass dieser Gegenstand vielleicht vielfach als ungehörig betrachtet werden könnte, vor einer Versammlung akademisch gebildeter Lehrer behandelt zu werden. Denn viele von Ihnen sind vielleicht mit Wiese in einer, wie mir scheint, allzu grossen Vertrauensseligkeit der Meinung, der Gebrauch entbehrlicher Fremdwörter werde sich ohne besondere Vorschriften durch die allmähliche Wirkung des gestärkten Nationalgefühls vermindern (Lebenserinnerungen II. S. 79).

Wenn ich die Frage so gestellt habe: welche Stellung haben die höheren Schulen gegenüber den Fremdwörtern einzunehmen? so steht für mich die

Überzeugung fest, dass, wenn überhaupt die Schule, in ganz
besonders eingehender Weise die h ö h e r e Schule die Pflicht
hat, aus erziehlichen Gründen die Frage nach der Berechtigung
der Fremdwörter zum Gegenstand ihrer Beachtung zu machen.

Denn da das niedere Volk im grossen und ganzen von
jener Fremdwörterkrankheit weniger befallen ist, als die sogenannten Gebildeten, so scheint mir auch d i e Schule, in
der diese sich auf ihr zukünftiges Berufsleben vorbereiten,
in höherem Grade verpflichtet zu sein, ihr Augenmerk der
Heilung jenes Übels zuzuwenden.

Freilich hören wir auch aus dem Munde von Kellnerinnen
und Dienstmännern ein Merci, Excusez, retour u. dergl.; was
will aber diese lächerliche Nachäfferei in diesem Falle be-
deuten gegen die Tausende und Abertausende von Fremdwörtern, die der Gebildete, oft ohne es zu wissen oder Anstoss daran zu nehmen, anwendet.

Gleichwohl ist auch die Volksschule von fremden Wörtern durchsetzt, besonders in den Lehrbüchern, sogar in den
deutschen Lesebüchern. Ja, ist es nicht sehr bezeichnend,
dass Kinder des e r s t e n Schuljahrs zur Einübung des Buch-
staben X das Wort Xylograph in ihrer Fibel lesen und schreiben müssen!

Jene Forderungen an die deutsche Volksschule sind nicht
ganz ohne Erfolg geblieben: abgesehen von einigen Schriften,
die geradezu diese Frage behandeln, z. B. „gegen die Fremdwörter in der Schulsprache" von Dr. Otto Arndt, hat sich
der 7. allgemeine deutsche Seminarlehrertag in Hannover im
Jahre 1883 mit der Frage beschäftigt, auf welchem Seminar-
direktor Schieffer aus Aachen einen Vortrag hielt „über die
Fremdwörtersucht und über die Mittel, welche das L e h r e r-
s e m i n a r zu deren Bekämpfung anwenden muss" und wo
die dort aufgestellten Sätze (Thesen), welche die Reinhaltung
der Sprache von Fremdwörtern forderten, allgemein gut-
geheissen wurden.

Dass von s e i t e n d e r h ö h e r e n S c h u l e ein thätiges
Eingreifen, überhaupt eine Stellungnahme zu dieser Frage
bis jetzt, so weit ich sehen kann, noch nicht erfolgt ist, hat
wohl darin seinen Grund, dass eben die G e l e h r t e n hierin
einen besonderen Standpunkt einzunehmen pflegen und dass
sie vielfach noch für die Berechtigung der Fremdwörter ein-

treten. Wenn dieser Standpunkt auch von den Lehrern der höheren Schulen, die wegen ihrer wissenschaftlichen Thätigkeit den Gelehrten an den Hochschulen zunächst stehen, vielleicht geteilt wird, so ist das begreiflich. Doch ist unsere Thätigkeit eben doch wesentlich eine praktische, erziehliche, wir sollen neben unserer wissenschaftlichen Thätigkeit doch vor allem Lehrer und Erzieher der deutschen Jugend sein, und insofern tritt diese Frage heute an uns heran.

Wenn nun auch die höhere Schule als Ganzes bis jetzt der Frage keine Aufmerksamkeit geschenkt hat, so haben doch einzelne von unseren Amtsgenossen in ernsten Mahnrufen und wissenschaftlichen Abhandlungen ihre Stimme vernehmen lassen; ja, wenn ich recht sehe, ging eine der ersten Anregungen hierfür aus unseren Kreisen hervor: Abgesehen von dem Jahresbericht der Realschule zu Elberfeld 1866 von Direktor L. Schacht („Über den Kampf der deutschen Sprache gegen fremde Elemente“) und dem der Realschule zu Danzig 1866 von Dr. Laubert („Die französischen Fremdwörter in unserem heutigen Verkehr“) hat Dr. Mertens, Direktor der städt. Töchterschule in Hannover, in dem Jahresbericht 1870 („auch eine Schulpflicht“ betitelt), von dem Missbrauch der Fremdwörter in der deutschen Sprache gehandelt; sodann erinnere ich an den Jahresbericht der evang. höh. Töchterschule in Crefeld von 1871 von Direktor Buchner, der dann 1885 Beiträge zu einem Verdeutschungswörterbuch lieferte. (Vergl. die anderen Schriften am Ende.)

Ein sichtbarer Erfolg ist aber nicht nachzuweisen. Bei allen diesen Schriften werden die meisten Amtsgenossen denken, was über die Besprechung der Mertens'schen Schrift in Herrigs Archiv Bd. 49 gesagt war: „nichtsdestoweniger wird das Büchlein keinen thatsächlichen Erfolg haben. Hie und da, zumeist wohl in der Umgebung des Verfassers, mag ein Lehrer mit strengerem Rotstift seine Schüler schrecken, im ganzen und grossen wird es bleiben wie bisher; alle klug ersonnenen Vorschläge sind Schläge ins Wasser.“

Das war eine traurige Aussicht, die den wackeren Bestrebungen eröffnet wurde. Aber wie jeder auch noch so schwache Schlag ins Wasser Ringe hervorruft, die sich immer mehr verbreiten und nach aussen fortpflanzen, so ist auch die Anregung einer grösseren Reinheit unserer Sprache nach

den glorreichen Kriegsjahren immer weiter gedrungen und
hat, wie ich oben schon gezeigt habe, immer weitere Kreise
gezogen. Ja auch die Gelehrten auf unseren Hochschulen
haben sich der Frage angenommen; abgesehen von Dümmler
und Windscheid, die in den Vorreden zu ihren Werken sich
zu Gunsten der Reinheit der Sprache erklärt, haben Prof.
Behaghel in Basel, Prof. Hildebrand in Leipzig, sowie
Prof. Pietsch in Greifswald sich warm und voll vaterländi-
scher Begeisterung für eine Umkehr ausgesprochen. Und es
ist im Interesse der guten Sache in hohem Grade zu bedauern, dass im vorigen Jahr ein Mann wie der Kanzler der
Tübinger Hochschule Rümelin sich zum Verfechter der Fremdwörter aufgeworfen hat.

Ehe ich also die Frage nach den Pflichten der
höheren Schule bei der Anwendung von Fremdwörtern
beantworte, muss ich die verschiedenen Einwendungen, die zu
Gunsten derselben, besonders von Gildemeister, Herm. Grimm
und Rümelin vorgebracht wurden, näher beleuchten und versuchen, sie zu widerlegen*.

Zunächst ist hervorzuheben, dass sich die Freunde der
Fremdwörter vielfach mit deren Gegnern berühren. Es wird
doch von diesen unumwunden zugegeben, dass „die Rede durch
die Fremdwörter einen buntscheckigen und missfälligen Eindruck mache, wie wenn in einer Gesellschaft die einen in
bürgerlichem Anzug, die anderen in Masken erscheinen; es
verstosse gegen Sitte und Anstand und den gesunden Men-
schenverstand, dass man in Schrift und Rede Ausdrücke ge-
brauche, von denen man annehmen müsse, dass sie den Zu-
hörern oder Lesern unverständlich seien." Dagegen erscheint
ihnen jedes Fremdwort berechtigt, für das kein vollständig
deckender deutscher Ausdruck vorhanden ist, vorausgesetzt,
dass er dem Leser verständlich ist. Ist das aber vielleicht
etwas anderes als der Grundsatz des allgemeinen deutschen
Sprachvereins: „Kein Fremdwort für das, was deutsch gut
ausgedrückt werden kann?"

In den allgemeinen Grundsätzen also stimmt Rümelin
mit den Verfechtern der anderen Richtung überein; nur in

---

* Rümelin, die Berechtigung der Fremdwörter.
Deutsche Rundschau 1886.

der Anwendung im Leben weichen beide voneinander ab.
Denn da jede lebende Sprache ein lebendiges Gefüge ist,
kein toter Körper, an dem man seine Untersuchungen an-
stellen kann, so ist es schwierig, dass jeder einzelne über
den Begriff der Entbehrlichkeit der Fremdwörter mit dem
andern übereinstimmt.

Da sind zunächst die sog. internationalen Fremdwörter, die ein gemeinsames Besitztum der neueren Kultur-
völker sein sollen; es sind das die wissenschaftlichen
Fach- und Kunstausdrücke, und die sog. exoti-
schen, fremdländischen Wörter, zur Bezeichnung
von Dingen aus vergangenen Zeiten und der fremdländischen
Gegenwart.

Was zunächst die letzten betrifft, so wird kein Mensch
sich einfallen lassen, diese heutzutage zu verdeutschen, wie
das wohl noch Campe gethan hat, der für Nymphen Geist-
mädchen u. dergl. wiederzugeben vorschlug und deshalb nicht
mit Unrecht verspottet wurde.

Was dagegen die anderen wissenschaftlichen
Fremdwörter anlangt, so ist wohl die Frage berechtigt, ob
denn der Gewinn für den wissenschaftlichen Verkehr mit den
anderen Völkern wirklich so bedeutend ist, als man vorgibt.
Können wir uns etwa das Erlernen einer fremden Sprache
ersparen, wenn wir ein wissenschaftliches Werk darin lesen
wollen, in dem Wahne, wir verstünden sie ja schon halb
durch die darin vorkommenden Fremdwörter? Nicht einmal eine Unterstützung, wohl aber mannigfache Missverständ-
nisse werden wir erfahren, wollten wir eine Probe damit
machen.

Ja selbst für das Erlernen der französischen Sprache,
aus der wir doch bei weitem die meisten Fremdwörter ent-
lehnt haben, bieten diese keine Erleichterung, vielmehr er-
schweren sie es dem Anfänger und rufen oft genug Ver-
wechselung und Verwirrung hervor. Gebrauchen wir doch
anscheinend französische Wörter, die thatsächlich in
der französischen Sprache nicht vorkommen, wie Schatulle,
wofür der Franzose la cassette sagt, die Patrone ist la cartouche, die Gardinen les rideaux, das täglich gebrauchte die
Bel-Etage ist le premier étage, eine Galanteriewarenhand-

lung ist un magasin de luxe, der Friseur le coiffeur u. a.;
auch Zeitwörter, wie perhorreszieren, gratulieren kennt der
Franzose nicht und sagt vielmehr récuser, féliciter, so auch
das Beiwort konservativ, wofür der Franzose conserva-
teur hat*: eine grosse Menge von Wörtern gebrauchen wir in
ganz anderer Bedeutung als der Franzose; so Censur,
Pensum, Bonne, Coupé, Kontor, Gourmand, Lorgnette, Parole,
Revers, Restauration, Appartement, Retirade, Parterre, Re-
zept u. v. a., oder die Zeitwörter remittieren, recensieren
u. s. w. wie die Beiwörter solide, fatal, fidel u. a. Auch das
Geschlecht der Hauptwörter hat der Deutsche vielfach
verändert, wodurch nicht unbedeutende Schwierigkeiten ent-
stehen; so gebraucht er die vielen Fremdwörter auf age,
wie die Equipage, die Bagage u. s. w. weiblich, weil er
wohl an deutsche Wörter, wie Seele, Thüre u. drgl. denkt;
so aber auch die Caprice, die Büste, die Kontrolle, die Do-
mäne, die Gruppe, die Geste, die Maske u. v. a., bei
denen er vielleicht einen ähnlichen deutschen Begriff im Sinne
hat (wie die Laune), abweichend vom Französischen (le caprice
u. s. w.); andere männlich oder sächlich, wie der
Komet, der Planet, weil es heisst der Stern; der Puder, weil
der Staub; das Diner, das Souper, weil das Essen; das Palais, weil das Schloss u. ä.

Doch es würde mich zu weit führen, wollte ich noch
länger bei diesem Punkte verweilen. Es genügt zu zeigen,
dass die hervorgehobene Erleichterung bei der Erlernung der
französischen Sprache durch die Anlehnung an die im Deutschen gebrauchten Fremdwörter eine eingebildete ist (vergl.
Holzapfel in Herrigs Archiv III, S. 305 ff.).

Hinsichtlich der wissenschaftlichen Ausdrücke aber
sollte, meine ich, ein Streben nach einer allgemeinen Ver-

---

* Vergl. die bei Schacht a. a. O. wohl zu diesem Zwecke zusammen-
gestellten Sätze: „der Friseur in der Bel-Etage, welcher seinem Com-
pagnon wegen seiner Courage gratuliert: le coiffeur au premier qui
félicite son associé de son courage.“ — „Die schlechte Orthographie eines
Couverts, welches ein wichtiges Protokoll enthält, kann einen Portier
eines Advokaten irritieren: la mauvaise orthographe d'une enveloppe
qui contient un procès-verbal important, peut mettre en erreur le suisse d'un
avocat.“ (Das Fremdwort „irritieren“ ist in diesem Beispiele in der mir un-
bekannten Bedeutung von „verwirren“ gebraucht; auch Sanders und Blasendorff geben diese Bedeutung neben der hierzulande wohl gebräuchlicheren
von: „reizen“.)

ständlichkeit mit Rücksicht auf die Angehörigen unseres
Volks mit grösserem Rechte erwartet werden dürfen, als
der eingebildete Vorteil, dass einzelne Gelehrte des Auslandes
unsere wissenschaftlichen Werke besser verstehen.

Wer überhaupt sich einbildet, dass heutzutage das Aus-
land uns der Fremdwörter wegen, die wir etwa mit Rücksicht auf dasselbe anwenden, hoch schätzt, der ist von ge-
waltigem Irrtum befallen: Das Gegenteil davon ist vielmehr
richtig. Wenn vor 100 Jahren Frau von Staël-Holstein in
den anerkennendsten Worten über unsere Sprache sich aus-
drückte, so ist dies Urteil wohl eine Ausnahme, vielmehr wird
wohl die allgemeine Meinung der Franzosen über die deutsche
Sprache sich in dem Worte Riccauts im Gespräch mit Minna
von Barnhelm ausgesprochen haben. Diese Äusserung aber
ist nichts gegenüber den wegwerfenden und entehrenden Urteilen, die wir uns heute über unsere Sprache gefallen lassen
müssen. Ich will nur folgende davon anführen:

In der Revue critique d'histoire et de littérature 1873,
S. 90 ist bei einer Beurteilung über das „Handbuch der historischen Chronologie des deutschen Mittelalters und der Neuzeit"
von Dr. Grotefend zu § 10 sur l'usage de l'Ère chrétienne die
Bemerkung gemacht: „à propos du mot Ère, Mons. Gr. dit dans
ce style à moitié français qui passe aujourd'hui pour
de l'allemand": „wir dürfen den Namen Ära für die Zeit-
rechnung als deutsches Produkt reklamieren." — In derselben Zeitschrift 1886, S. 357 heisst es bei der Beurteilung
von Zwiedeneck-Südenhorsts: „die Politik der Republik Venedig während des 30jährigen Krieges" und Bührings „Venedig,
Gustav-Adolf und Rohan", zum Schluss: „Et maintenant un
mot sur le style des deux ouvrages . . . Il est des plus cu-
rieux et témoigne d'une singulière évolution dans l'esprit des
lettrés d'Outre-Rhin. On admettait volontiers jusqu'ici qu'une
langue n'était jamais mieux respectée que par ceux aux-
quels leurs études avaient appris à en connaitre les ressour-
ces et les finesses. Il faut décidément en rabattre, et, n'en
déplaise à M.M. de Z. et B., le dédain qu'ils profes-
sent — en fort bonne compagnie d'ailleurs — pour leur
langue maternelle est un démenti formel donné à ce
principe; je cherche en vain les raisons de cette dégéné-
rescence et je laisse aux philologues le soin de l'expliquer,

mais ce que je tiens à constater, c'est que le langage de
ces messieurs n'est plus de l'allemand et ne
sera jamais du français." Sodann werden eine Masse
Fremdwörter aufgezählt, unter denen besonders das Beiwort
„chauvinistisch" den Franzosen zu belustigen scheint; denn
er versieht es mit 3 Ausrufungszeichen.

Das demütigendste aber, was bis jetzt über unsere Sprache
von Franzosen geschrieben wurde, findet sich in dem Supplé-
ment littéraire de l'indépendance belge vom 12. Febr. d. J.,
worin in einem Aufsatz „une langue débordée" (aus Rand und
Band) überschrieben, gesagt wird, die deutsche Sprache scheine
nicht mehr den neueren Bedürfnissen und den Bewegungen des
menschlichen Geistes zu entsprechen; es vollziehe sich in ihr
gegenwärtig unbewusst eine Umwandlung. die sie ganz dem
Einflusse der romanischen Sprachen hingebe. Die Über-
schwemmung durch die französische Sprache sei eine allgemeine geworden: die französischen Wörter würden masslos
aufgenommen; nicht nur Citate (citations), auch Anführungen
von Stellen in Kursivschrift (en italiques), Hauptwörter, Zeitwörter und Eigenschaftswörter hätten sich an die Stelle der
gleich bedeutenden deutschen Wörter eingebürgert; die Massen überliessen sich mit Wollust der Plünderung des Nach-
barguts (nämlich der französischen Sprache). Nachdem sodann aus einigen Nummern des Berliner Tageblatts eine
Unmasse von Fremdwörtern aufgezählt werden, heisst es zum
Schluss, diese Umwandlung der deutschen Sprache sei viel
bedeutender, als wir es selbst glaubten; die Sprache sei eben
zu schwer und dazu verurteilt, diese Umwälzungen durch-
zumachen. (Il semble qu'elle ne répond plus ni aux besoins
modernes, ni à l'évolution de l'esprit humain; contre le gré
même de ceux qui la parlent elle se transforme rapidement sous
l'influence de l'expansion romande. L'invasion de la langue
française est devenue générale depuis une dizaine d'années:
les mots français sont accueillis à profusion. Les masses se
livrent avec délices au pillage du bien voisin. L'évolution
qui se prononce dans la langue allemande est beaucoup plus
complète que ne le croient généralement les Allemands eux-
mêmes. C'est une langue difficile à manier condamné à subir
de profonds bouleversements.)

Muss nicht einem jeden Deutschen, der noch irgend ein

Gefühl für seine Muttersprache hat, dieses Urteil die Scham-
röte ins Gesicht treiben?*

Die Befürchtung also, dass, wenn jede Sprache ihre
eigenen Kunstausdrücke hätte, keine gemeinsame Fortarbeit
der Nationen mehr möglich wäre, wie das behauptet wurde,
ist übertrieben und hinfällig.

Ähnlich wie mit den wissenschaftlichen Fremdwörtern
verhält es sich mit einer Masse fremder Ausdrücke auf dem
Gebiete des Handwerks und der Kunst, im Verkehrs-
leben, im Geschäftsverkehr. Auf jenem ist schon ein
erfolgreicher Anfang gemacht worden: Baurat Sarrazin in
Berlin hat in dieser Beziehung schon treffliche Arbeiten ge-
liefert und in seinem Verdeutschungswörterbuch gezeigt, wie
nach seiner Meinung hierin vorzugehen ist.

Wie der Verband deutscher Architekten und Ingenieure
ein nachahmenswertes Beispiel gegeben hat, so regt sich's
auch in den künstlerischen Kreisen. Schon Rob. Schu-
mann hat für die italienischen Bezeichnungen deutsche Ausdrücke angewendet (legato, sehr gebunden; scherzo, schalk-
haft; expressivo, innig zu spielen; cantabile, gesangvoll zu
spielen; dolce, zart; vivo, schnell; ritardando, nach und nach
langsamer u. a.); und Prof. Riegel hat durch Aufstellung
massvoller Grundsätze den Weg geebnet, wie man allmählich
zum Ziele gelangen könnte.

Auf dem Gebiete des Verkehrslebens darf ich nur
noch einmal an den Namen Stephan erinnern. Kann man
vielleicht behaupten, dass seitdem der deutsche Generalpost-
meister mit seinen Verdeutschungen aufgetreten ist, der internationale Postverkehr abgenommen hat?

Endlich die Fremdwörter im Geschäftsverkehr.

---

* Vergl. auch, was der Franzose Prémonval sagt (Pädagogische Blätter
für Lehrerbildung und Lehrerbildungsanstalten Bd. XII, S. 620): „Wenn man
die erstaunliche Menge von Ausdrücken und ganzen Redensarten betrachtet,
die der Deutsche von uns borgt, um sich über die gewöhnlichsten und un-
entbehrlichsten Dinge des Lebens auszusprechen, sollte man da die Deutschen
nicht für ein amerikanisches Urvolk halten, das, in Ermangelung der einfach-
sten Begriffe, diese erst vor kurzem mit den zugehörigen Wörtern von den
Franzosen überkommen hätte?“ Ferner: „Francisque Sarcey: „Frankreich
kann es durchaus nicht als eine stillschweigende Ehrenerklärung für seine
Sprache betrachten, wenn ein Volk, dessen Sprachreichtum ein so bedeutender ist, wie der der Deutschen, die französische Sprache so mörderisch ent-
stellt, wie dies in Deutschland geschieht“ (bei Riegel).

Hier wird am meisten gesündigt, und es liesse sich darüber
ein ganzes Buch schreiben. Solange gerade in diesen Kreisen nicht das Verständnis erweckt wird, solange es nicht
dahin kommt, dass die gebildeten Käufer sich gegen die Anwendung, Einführung und Neubildung von Fremdwörtern aus-
sprechen und offen auflehnen, ist von diesen meist Halb-
gebildeten, die sich die Blösse ihrer Halbbildung wohl durch
fremde Fetzen zu decken bestreben, nichts zu hoffen. Man
sollte freilich denken, die Zeiten seien vorüber, wo man durch
Anwendung von Fremdwörtern glaubte, sich in den Augen
der Gebildeten empfehlen zu können.

Nach alledem also ergiebt sich, dass nicht alle sog.
internationalen Fremdwörter zuzulassen sind, sondern dass ihre Zahl sehr bedeutend eingeschränkt werden
kann und muss.

Ein zweiter Einwand, der zu Gunsten der Berechtigung
der Fremdwörter erhoben wird, ist der, dass das Fremdwort
oft eine genauere Schattierung des Begriffs ausdrücke; es bezeichne denselben oft schärfer und bestimmter.
Auch dieser Einwand enthält eine gewisse Wahrheit, und es
ist lehrreich, zu vergleichen, wie oft französische Ausdrücke
im Deutschen einen abgeschwächten Begriff für denselben
deutschen Ausdruck erhalten haben: „Es ist mir ein Malheur
passiert“ ist so viel als: es ist mir ein kleines Unglück zu-
gestossen; „ich habe mich köstlich amüsiert“ drückt mehr
eine oberflächliche, leichtere Unterhaltung aus; Pläsier ist
ein geringerer Grad von Vergnügen; Komödie deckt sich
ebensowenig ganz mit Lustspiel, wie Tragödie mit Trauer-
spiel oder Poet mit Dichter; Appetit ist ein niederer Grad
von Hunger, noble Passionen unterscheiden sich wesentlich
von edlen Leidenschaften u. s. w. Umgekehrt hat auch die
französische Sprache Wörter deutschen Ursprungs in ihrem
Begriff herabgesetzt: un hère (Herr) ist ein armer Schlucker,
une rosse ist die Schindmähre u. a.

In der Annahme einer feineren Schattierung der Begriffe
kann man aber auch zu weit gehen und der persönlichen
Auffassung zu viel nachgeben. Es erscheint mir doch eine
etwas spitzfindige Unterscheidung von Rümelin gemacht zu
werden zwischen Lexikon und Wörterbuch, Beispiel und

Exempel, u. s. w. und et cetera, Effekt und Wirkung u. a.; und wenn wirklich schon hie und da ein feiner Unterschied im Laufe der Sprachgeschichte eingetreten ist, warum kann man den deutschen Begriff nicht mit einem Zusatz, einem Beiwort oder dergleichen versehen? Dass die deutsche Sprache nicht aus Not oder Mangel die Fremdwörter eingeführt hat, scheint mir der Umstand zu beweisen, dass das Wort interlocuteur, für welches es thatsächlich kein deutsches Wort gibt, bis jetzt noch nicht als Fremdwort aufgenommen worden ist.

Umgekehrt ist es nicht zu leugnen, dass die Fremdwörter oft vieldeutig sind, dass sie durch verschiedene deutsche Wörter in ihren verschiedenen Bedeutungen ersetzt werden können und müssen. So ist Sektion nicht nur eine Unterabteilung, sondern auch eine Teilstrecke und endlich eine Leichenöffnung; perfide kann durch treulos, falsch, schmählich, niederträchtig, tückisch wiedergegeben werden; ein interessantes Buch ist anziehend, anregend, unterhaltend, spannend, fesselnd, lehrreich; eine interessante Entdeckung wichtig, wertvoll, beachtenswert; ein interessanter Mensch eigenartig, eigentümlich, merkwürdig. So stehen uns also für das eine Fremdwort wenigstens 12 deutsche gute Ausdrücke zu Gebote; wer wollte hier von der Armut der deutschen Sprache reden?

Damit haben wir aber schon die weitere Einwendung berührt, das 'Fremdwort sei oft kürzer als der deutsche Ausdruck und daher vorzuziehen. Ist denn das aber nötig zum Begriff einer vollkommenen Sprache, dass sie kurz ist? was für einen Schaden enthält denn ein längerer Ausdruck, wenn er klarer, deutlicher, anschaulicher, verständlicher ist? Schon Adelung fragte mit Recht: „was würde aus einer Sprache werden, wenn jeder das Recht zu haben glaubte, um der Kürze willen von anderen zu borgen?" — Oder fällt es etwa dem Franzosen ein, weil er kein Wort für stehen hat, sich dieses Wort aus dem Deutschen für sein se tenir debout zu holen, oder für aller à cheval reiten, oder für à haute voix, laut, avoir besoin de, brauchen, rappeler sous les drapeaux, einberufen, tomber malade, erkranken, le point de partage des eaux, Wasserscheide? u. a. (Vergl. Reinecke S. 48.) Ist etwa Ventilation kürzer als Lüftung, inkommensurabel kürzer als unmessbar?

Mit dem Einwand, die Fremdwörter seien unserer Sprache nötig, weil sie kürzer seien, hängt auch der Grund zusammen, der dafür angeführt wird, die deutsche Sprache habe zu wenig Stamm- und Wurzelwörter; während die französische Sprache 5300 zähle, habe die deutsche nur etwa 3000 aufzuweisen. Wenn das auch für die sogenannten Wurzelwörter richtig ist, so ist dagegen die deutsche Sprache viel fähiger Zusammensetzungen zu bilden; Grimms Wörterbuch weist z. B. 730 Zusammensetzungen mit dem Wort Land auf, 615 mit dem Wort Krieg, 613 mit Hand u. s. w. Damit gleicht sich die Armut an Stammwörtern völlig aus.

Eine gewisse Schwierigkeit ist allerdings vorhanden bei der Neubildung bezw. Ableitung der deutschen Wörter durch Vorsetzungs- und Anhängungssilben. Als Beispiel diene das Wort Operateur, das ganz gut durch Wundarzt, Augenarzt oder Zahnarzt ersetzt wird; dagegen das von Operateur abgeleitete Operation kann nicht ebenso auch im Deutschen wiedergegeben werden; hier muss, wenn nicht das Wort Heilschnitt passend erscheint, mit einem anderen Worte geholfen werden, also etwa die Verrichtung, das Geschäft, der Eingriff, das Verfahren, die Behandlungsweise oder dergl.; operieren dürfte einfach mit schneiden oder drgl., operatives Eingreifen durch: das Eingreifen durch den Arzt oder ähnliches wiederzugeben sein.

Ein anderes Beispiel ist Zentrum, Mittelpunkt; damit ist der deutschen Wortbildung eine Grenze gesetzt; wir sagen nicht mittelpünktlich, wofür das fremde Beiwort zentral vorhanden ist mit allen weiteren Ableitungen: Zentralisation, zentralisieren, konzentrieren, Zentrifugalkraft u. s. w. Um diese von dem einen Wort Zentrum abgeleiteten Wörter durch deutsche Ausdrücke wieder zu geben, müssen wir entweder andere Wörter, die mit dem Stammwort Mittelpunkt der Form nach nicht zusammenhängen, wählen (also: Vereinigung, vereinigen, znsammenfassen, Zusammenziehung, Flieh- oder Schwungkraft), oder wir müssen ersetzen und umschreiben. Und das wird eben dem Bestreben der sog. Sprachreinigung zum Vorwurf gemacht und gegen dasselbe eingewendet, dass, während das Fremdwort mehr eine kurze Benennung gibt, das deutsche Wort durch die Zusammensetzung eine Umschreibung des Begriffs liefere. So

richtig dieser Einwand gegen die Neubildungsfähigkeit der
deutschen Sprache betreffs der Ableitung ist, so wenig kann
ich aber darin einen eigentlichen Nachteil erblicken. Ja,
bequemer ist das Fremdwort vielfach, aber was für einen
Nachteil soll es mit sich führen, wenn in der Bezeichnung
für einen Begriff gleichzeitig dessen Bestimmung und Erklärung (Definition) enthalten ist? Im Gegenteil erfordert
es eine grössere Denkübung, für ein Wort sofort mit
der richtigen Erklärung aufzutreten, als für den Begriff einen
verschwommenen, oft unverständlichen und unklaren Ausdruck
zu geben; das Denken wird also durch Vermeidung der
Fremdwörter gefördert, die Gedankenlosigkeit und
Bequemlichkeit verhindert.

Es sei mir gestattet, hierbei aus meiner Schulerfahrung
ein Beispiel anzuführen: die Schüler lernen bei der Lehre
vom griechischen Participium: „zum kausalen Participium
tritt oft ἅ τε oder οἷα δή, wenn ein objektiver, dagegen ὡς,
wenn ein subjektiver Grund bezeichnet werden soll." Diese
Regel war schon oft erklärt und unzählige Male angewendet
worden, als ich mich wieder einmal davon überzeugen wollte,
ob denn die Ausdrücke auch noch verstanden würden; es
war kein einziger Schüler, der für die fremden Ausdrücke
einen dem Sinn entsprechenden deutschen ersetzen konnte;
es waren also nur leere Wörter ohne Inhalt, die bei dem
Hersagen der Regel gedankenlos immer wieder gebraucht
wurden. Die Anwendung von Fremdwörtern ist also vielfach
nur eine Beförderung der Denkfaulheit, während
der Zwang, sich deutscher Ausdrücke zu bedienen, eine
heilsame Zucht und eine Förderung des klaren
Denkens in sich schliesst.

Ein weiterer Einwand, der zu Gunsten der Anwendung
von Fremdwörtern gemacht wird, sagt, sie seien wohllau-
tender als die deutschen Wörter, eine Abwechselung deutscher Wörter mit Fremdwörtern gereiche der deutschen
Sprache zum Vorteil; die deutsche Sprache stehe an Laut-
fülle und Wohlklang hinter den romanischen Sprachen zu-
rück; sie entbehre die zahl- und klangreichen Vokale, und
ihr Konsonantenreichtum mache sie hart und unschön.

Es ist ja nicht zu leugnen, dass die neuhochdeutsche

Sprache hinsichtlich des Wohlklangs gegenüber des vokal-
reicheren Alt- und Mittelhochdeutschen Einbusse erlitten hat.
Die schwedische Sprache hat diese Vokalfülle viel mehr sich
erhalten und hat sich auch die Endungen voller bewahrt.
Aber kann sich vielleicht die englische Sprache mit ihren
Quetschlauten mit der deutschen an Schönheit messen? Und
doch fällt es keinem Engländer ein, seine Muttersprache
durch Aufnahme von Fremdwörtern verschönern zu wollen,
ohne sie seiner Aussprache anzupassen. Kann man überhaupt der deutschen Sprache mit Recht den Vorwurf der
Unschönheit machen? ist etwa Amusement, en avant schöner
als Unterhaltung und vorwärts? Es wird gewöhnlich das Vorherrschen des E lautes hervorgehoben, in den Beispielen: die
entgegengesetztesten Bestrebungen, oder: die erschreckenden
Begebenheiten, oder: die zur ebenen Erde gelegenen Neben-
gelasse einer Wohnung u. drgl. Aber wer zwingt uns denn
so zu reden? lassen sich diese Häufungen des e nicht vermeiden? Hat nicht auf der anderen Seite die deutsche Sprache
infolge ihrer Geschmeidigkeit und Fähigkeit, die Wortstellung
nach Belieben zu ändern, so viele Vorzüge, um die jedes
andere Volk uns beneiden könnte? Giebt es doch auch unter
den Fremdwörtern gar manche, die nicht Anspruch auf klang-
volle Schönheit machen können, wie z. B. Ideenassociation,
interimistisch, Infallibilitätsdogma, Phänomenologie, Reci-
procitätsverhältnis. Das Vorherrschen des i in der neu-
griechischen Sprache veranlasst ja auch nicht die Neu-
griechen, ihre Sprache mit Fremdwörtern zu durchsetzen.
Ausserdem stehen doch von deutschen Dichtern aller Zeiten
so gewichtige Zeugnisse von der Schönheit unserer Sprache
jenem thörichten Einwand entgegen, dass es sich wirklich nicht
lohnt, weiter darüber zu reden; ich erinnere nur an Luthers
Wort: „ich weiss nicht, ob man das Wort „Liebe" so herz-
lich und genugsam in lateinischer oder anderer Sprache reden
möge, dass es also dringe und klinge in das Herz durch
alle Sinne, wie es thut in unserer Sprache."
Wie verträgt sich überdies jener Einwand mit dem Zu-
geständnis, dass die Fremdwörter in der deutschen Sprache
wie „Masken unter bürgerlicher Kleidung" sich ausnehmen?
Ausserdem widerstreiten die Fremdwörter dem Grundsatz der Betonung im Deutschen, wonach die Stamm-

silbe den Hauptton hat. Sehen wir uns aber das Heer von
Fremdwörtern an, die sich bei uns eingenistet haben, so
finden wir, dass fast alle ihren Hauptton auf der nichts-
sagenden Endsilbe, entsprechend der betonten Silbe der fremden Sprache, oder bei einigen auch auf der vorletzten Silbe
haben. So denn alle die Wörter auf tät von der lateinischen
Endung tas, tatis, die betont erscheint in Kapazität, Infallibili-
tät, Inkommensurabilität, Inkompatibilität, Individualität, Ex-
territorialität (nebenbei bemerkt Musterbeispiele von kurzen und
schönen Fremdwörtern!); ferner Inkompetenz, Inkonsequenz,
die Wörter auf on, Promulgation, auf ell, Kastell, Kartell,
auf ie, Aristokratie: ferner Symptom, Minorat, Intervall, Succurs,
Subjekt, Testament, Zenith, Niveau, Skulptur, Affront u. s. w.
Dadurch wird nun die ganze Eigentümlichkeit der deutschen
Sprachgesetze bezüglich der Betonung über den Haufen geworfen;
die Sprache büsst ihr Gepräge einer Ursprache fast vollständig ein. Die ganz falsche Regel, dass im Französischen
die Wörter auf der Endsilbe betont werden müssten, ist bei
den Fremdwörtern innerhalb der deutschen Sprache zu einer
unerträglichen Hässlichkeit geworden.

Ein ganz bedenklicher Einwand aber, der gemacht wird,
um die Fremdwörter rechtfertigen zu wollen, scheint mir
der zu sein, dass sie vornehmer seien; die Sprache der
Gelehrten könne man, meint Rümelin, vergleichen mit der
Sprache der Götter bei Homer, im Gegensatz zu der der
Sterblichen. Also soll mit einer gewissen Absichtlichkeit
eine Sprache geredet werden, die die gewöhnlichen Menschen-
kinder nicht zu verstehen brauchen. Dieser Grundsatz scheint
mir auch bei dem Gutachten Virchows über die Krankheit
unseres verstorbenen Kaisers, des damaligen Kronprinzen,
auf das das gesamte deutsche Volk, Hoch wie Niedrig, wochen-
lang sehnlichst wartete, angewandt worden zu sein; als es
endlich erschien, konnte es der zehnte Deutsche, der nicht Me-
diziner war, nicht verstehen, so wimmelte es von medizinischen
Fach- und Kunstausdrücken.

Es ist zwar gewiss im allgemeinen nichts dagegen ein-
zuwenden, wenn in fachwissenschaftlichen Zeitschriften und
Werken die einmal hergebrachten Ausdrücke angewendet
werden; doch kann man hierin sicherlich auch zu weit gehen.

Denn die Gefahr, die in dem übermässigen Gebrauch auch der gelehrten Sprache liegt, ist nicht zu verkennen: das Gefühl für die Reinheit der Muttersprache wird bei den Schreibenden so abgeschwächt, und diese gewöhnen sich so an die fremden Ausdrücke, dass es ihnen schwer fällt, auch im gewöhnlichen Leben rein deutsch zu schreiben, wenn sie sich nicht an gelehrte Leser wenden.

Es ist bekannt, welche Wortungetüme z. B. in der Chemie oft geboren werden (z. B. Tetramethylammonquecksilberjodid u. v. a.), für die bei gutem Willen ein ebensoguter deutscher Ausdruck, wenn auch nicht mit einem Worte, gewiss gefunden werden könnte (so z. B. Dysmorphosteoklast u. a.). Keine Wissenschaft greift aber so in das tägliche Leben ein, als gerade die Medizin, und so finden wir schon eine Masse fremder Ausdrücke zur Bezeichnung von Krankheiten in unserer Sprache aufgenommen, wofür es ganz gute deutsche Wörter giebt*. Ein eigenartiger Zug des Deutschen erleichtert die Aufnahme und den Gebrauch solcher Wörter: während wir in den vielgelesensten französischen Zeitungen oft ganze medizinische Abhandlungen und Besprechungen selbst von sog. geheimen Krankheiten finden, scheut sich der Deutsche, infolge einer zu lobenden Schamhaftigkeit, gewisse Ausdrücke mit dem deutschen Worte zu bezeichnen; so nicht nur gewisse Krankheiten und Be-

---

* Übrigens ist auch auf dem Gebiete der ärztlichen Wissenschaft die Reinigung unserer Muttersprache von hervorragenden Fachmännern in Angriff genommen worden. Ausser Prof. Esmarch in Kiel nenne ich Prof. Credé in Leipzig, Prof. Strümpell in Erlangen, Prof. Waldeyer in Berlin; Prof. Hirschberg hat ein „Wörterbuch der Augenheilkunde" in Angriff genommen, in welchem die überflüssigen Fremdwörter durch deutsche Bezeichnungen ersetzt werden sollen. Von besonderer Wichtigkeit ist, was schon im Jahre 1880 der berühmte Chirurg R. von Volkmann in Halle bei der Beurteilung eines Werkes sagt (Centralblatt für Chirurgie 1880, No. 23): „wird etwa ein wissenschaftlicher Aufsatz dadurch gelehrter oder geistreicher, dass man ihn mit allen möglichen, sei es selbst von der Strasse aufgelesenen Fremdwörtern spickt? .... Lieber ein falsches Fremdwort als einen deutschen Ausdruck! .... Wie lächerlich müssen wir den Franzosen erscheinen, wenn sie solche deutsche Aufsätze lesen! Wie verstehen sie es, einfach, klar und verständlich und doch geschmackvoll zu schreiben. ... Oder ist unsere deutsche Chirurgie so unwissenschaftlich, dass sie eine einfache und ehrliche Sprachweise zu scheuen braucht? Und leider handelt es sich bei uns um eine immer mehr zunehmende Unsitte, der endlich einmal nachdrücklich entgegengetreten werden muss."

Vgl. Zeitschrift des allg. deutsch. Sprachvereins Bd. I, No. 12. S. 190—191 u. III. No. 4. 55—56

griffe, die damit zusammenhängen, sondern auch alles, was
sich auf geschlechtliche Beziehungen erstreckt; so sprechen
wir von Diarrhöe, Vomitiv, Abscess, Delirium, Caries, Tabes,
Ausdrücke, die deutsch wiedergegeben, einen unangenehmen
Eindruck verursachen, so von Konkubinat, Prostitution, Abortus,
fausse couche, Accoucheur u. a., selbst Beiwörter wie obscön,
decent, indecent u. drgl. Daneben aber auch andere, die
sich durch ein etwa berechtigtes, wenn auch übertriebenes
Schamgefühl nicht entschuldigen lassen, wie transpirieren,
akut und chronisch, adstringierend, Katarrh, Asthma, Kata-
plasma, Migräne, Dosis, Transfusion u. v. a.

Hier zeigt sich, dass die sog. vornehme Sprache der
Gelehrten in reichlichem Masse schon den gewöhnlichen
Menschenkindern sich mitgeteilt hat, und nicht nur denen, die
auch eine höhere Schule besucht haben, sondern auch der
anderen Klasse, die doch der Zahl nach bedeutender ist, oft
genug freilich mit lächerlichen und seltsamen Verwechse-
lungen bei der Anwendung.

Soll aber wirklich unsere Muttersprache, das Gemein-
gut des ganzen Volkes, für die Zukunft unterschieden werden in eine Sprache solcher, die nur eine Volksschule und
solche, die eine höhere Schule besucht haben? Soll wirklich
die Kluft, die zwischen den einzelnen gesellschaftlichen Kreisen
des Volkes besteht, auch noch durch die Sprache erweitert
werden? Ist es nicht eine sittliche Aufgabe, diese vorhandene
Kluft auszufüllen? Das kann aber nur dadurch geschehen,
dass sich die Höhergebildeten herablassen und die Niederen
zu sich heraufziehen, wie dies in den Volksbildungsvereinen
erstrebt wird. Ist es einmal, wie zugegeben werden muss,
unmöglich, die Sprache von allen Fremdwörtern zu reinigen,
ohne dass eine Schädigung derselben hervorgerufen wird, so
sind dieselben wenigstens mit Mass anzuwenden, dem Volke
verständlich zu machen und nicht die Volkssprache zu ge-
fährden.

„Aber, wendet man ferner ein, was ist es denn
so schlimmes oder unwürdiges, Fremdwörter zu gebrauchen? haben doch die Römer auch seiner Zeit von den
unterworfenen Griechen Fremdwörter angenommen, ohne zu
glauben, sich dadurch etwas zu vergeben; thun das doch

die Engländer noch heute, ohne in ihren Augen etwas von ihrer Weltstellung einzubüssen!"

Was zunächst die Römer betrifft, so ist richtig, dass sie, besonders in der Augusteischen Zeit im Privatleben wohl manche griechischen Ausdrücke gebrauchten; sie beschränkten sie aber im allgemeinen doch nur auf solche Wörter, die den Griechen ganz eigentümlich waren und im Lateinischen nicht mit einem Wort wiedergegeben werden konnten; also zur Bezeichnung von griechischen Massen, Gewichten, Münzen, wie talentum, drachma, amphora. von mathematischen Ausdrücken wie sphaera, von musikalischen Instrumenten, wie cymbalum, lyra, cithara. von griechischen Versfüssen wie dactylus, oder von Einrichtungen die aus Griechenland herübergekommen waren, wie chirographa, von Gerätschaften, lychnus, oder fremden Behörden. archon u. s. w. Und auch diese wurden in der äusseren Form wie in der Abwandlung latinisiert. Im allgemeinen kann man aber sagen, dass sich die Römer griechischer Fremdwörter möglichst enthalten haben. Mag also auch zeitweise die lateinische Sprache der vornehmen Kreise fremde Wörter enthalten haben, wie bei uns, so hielt doch das Volk der Römer im allgemeinen auf Vermeidung aller fremden Bestandteile und ehrte dadurch sich und sein Volkstum. Ganz besonders aber trifft dies zu, und das ist ein Hauptunterschied von uns Deutschen. in den öffentlichen Reden. Hier haben sie. geleitet von hohem Nationalgefühl, die Fremdwörter fast ganz vermieden. Als massgebend muss uns in dieser Beziehung Cicero sein, der mit ehrenwerter, fast peinlicher Strenge die Reinheit der lateinischen Sprache aufrecht erhielt, besonders in öffentlichen Reden vor dem Volke. Stellen wie off. I. 31, 111 .... sermone eo debemus uti, qui nativus est nobis, ne, ut quidam graeca verba inculcantes, iure optimo rideamur ..." und Phil. I. 1, 1 sind hierin sehr lehrreich: glaubt er sich doch entschuldigen zu müssen, dass er ein griechisches Wort gebraucht habe. Einige andere griechische Wörter sucht er durch eine lateinische Übersetzung zu umschreiben (wie asylum mit periculi perfugium). — Und bekannt ist die Satire des Horaz (I, 10, 20), in der er den Lucilius tadelt, weil er ganze griechische Ausdrücke und Wendungen in die lateinische Sprache einflicht.

Wenn also uns Deutschen bei der Anwendung von fremden Wörtern die Römer als Muster hingestellt werden, so wäre es zu wünschen, dass wir diesem Beispiele stets folgen möchten, da sie schon durch ein natürliches Gefühl geleitet, nicht nach eigentlicher Erkenntnis der Sprache, die Fremdwörter vermieden und so ihre nationale Würde wahrten*.

Was sodann die Engländer anlangt, so ist zunächst festzustellen, dass das Englische als Mischsprache aus germanischen und romanischen Bestandteilen zusammengesetzt erscheint, so dass also die Fremdwörter für das Ohr nichts so Auffälliges haben, während das Deutsche eine Ursprache ist. Sodann hat, was von französischen oder romanischen Wörtern in die englische Sprache aufgenommen wurde, grösstenteils die ursprüngliche Betonung verloren und die englische angenommen. Und wenn, wie H. Teweles ("Kampf um die Sprache" S. 71) mitteilt, kürzlich Lord Granville an die diplomatischen Vertreter Englands ein Rundschreiben erlassen hat, in dem er den immer mehr um sich greifenden Gebrauch von Fremdwörtern rügt und ihnen sogar eine Liste von Wörtern mitteilt, die als Eindringlinge anzusehen und aus dem diplomatischen Verkehr auszuschliessen seien, so zeigt dies zur Genüge, dass auch die Engländer auf die Reinheit ihrer Sprache bedacht sind.

Endlich wird, um die Anwendung der Fremdwörter zu rechtfertigen, auf den kosmopolitischen Charakter der Deutschen hingewiesen; es sei ein Zeichen der Gründlichkeit und der Universalität ihrer Bildung, Fremdwörter in die deutsche Sprache einzuführen: kein anderer sei wie der Deutsche befähigt, sich über die Einseitigkeiten einer einzigen Sprache und ihres beengenden Gedankenkreises hinauszusetzen; die sog. Puristen machten sich im Gegenteil des Fehlers der „Pedanterie", einer beschränkten Deutschtümelei, eines lächerlichen „Sprachchauvinismus" schuldig.

Was hierin vorgebracht wird, ist auch nur sehr teilweise richtig: nirgends ist allerdings die Schulbildung eine so gründliche, besonders der Unterricht in den Sprachen,

---

* Vgl. Hand, Lehrbuch des lateinischen Stils, bearbeitet von Dr. H. L. Schmitt. Jena 1880. Klotz, Handbuch der lateinischen Stilistik. Leipzig, Teubner, 1874.

als in Deutschland; soll aber dieser nationale Vorzug zu unserem nationalen Schaden ausschlagen? Sollen wir diese „kosmopolitische" Bildung so weit ausdehnen, dass wir an unserem Volkscharakter not leiden? Es widerstrebt den Gebildeten mit Recht, Fremdwörter, die sie nicht nach ihrer Ableitung und ihrem Ursprung kennen, sinnlos in unsere Muttersprache aufzunehmen. Es wäre z. B. für uns ein Ding der Unmöglichkeit, unverstandene Wörter in unsere Sprache einzuführen, wie dies kürzlich in einer vielgelesenen französischen Zeitung (le petit Moniteur) vorkam, dass bei Besprechung der neuesten Wehrvorlage im Reichstage standhaft Landsturh statt Landsturm gedruckt wurde. Neben der Gründlichkeit hat unsere Schule aber auch eine andere Pflicht zu erfüllen, die Pflicht der nationalen Erziehung, und diese Frage ist einmal, wie schon oben bemerkt, nicht zu trennen von der Befreiung unserer Sprache von dem Übermass von fremden Bestandteilen. Damit soll natürlich nicht behauptet werden, dass jeder Deutsche, der Fremdwörter anwendet, ein schlechter Vaterlandsfreund sei; aber wenn andere Völker ihre sprachliche Selbständigkeit derart wahren, dass sie keine oder wenigstens viel weniger Ausdrücke aus unserer Sprache annehmen, so ist es mit der nationalen Ehre schlechterdings nicht vereinbar, wenn wir einseitig nur von allen anderen Seiten entlehnen und selbst wenig dafür geben können. Es wird dem Deutschen nicht mit Unrecht vorgeworfen, „er sei allen Nationen gerecht, ungerecht nur gegen die eigene, Staatsbürger aus Pflichtgefühl, Weltbürger aus Neigung und Natur;" wenn er thatsächlich eine grosse Empfänglichkeit und Aneignungsgabe für das Fremde hat, so ist er leider aber auch nur allzusehr geneigt, vor der Würdigung und Bewunderung des Fremden das Eigene gering zu schätzen und zu verachten. Und in diesem bedenklichen Mangel an Selbstachtung liegt eine Gefahr für die Zukunft.

Wenn wir also noch einmal zusammenfassend den Einwendungen, die zu Gunsten der Berechtigung der Fremdwörter vorgebracht werden und an denen wir das Richtige zugestanden haben, die Nachteile und Gefahren, die dieselben mit sich bringen, hervorheben wollen, so ergiebt sich, dass, anstatt die Sprache zu bereichern, die Fremd-

wörter vielmehr eine Verarmung der Muttersprache
veranlassen, insofern Neubildungen derselben verhindert werden; dass neben der hervorgehobenen feineren Schattierung
der Begriffe durch Fremdwörter die vielfache Unklarheit, Un-
verständlichkeit und Mehrdeutigkeit derselben grosse
Nachteile in sich birgt, dass neben der gerühmten Schönheit
fremder Wörter im Gegenteil die Schönheit und Ursprüng-
lichkeit der deutschen Sprache bedenklich not leidet,
dass endlich die sittlichen Nachteile, nämlich Denkfaulheit, Bequemlichkeit, Eitelkeit, Selbstüberschätzung anderen
sog. Ungebildeten gegenüber, verbunden mit einem Mangel
an Selbstachtung gegenüber anderen Völkern so schwer ins
Gewicht fallen, dass aus diesen Gründen mit allen Mitteln
gegen die übermässige Anwendung entbehrlicher Fremdwörter
anzukämpfen ist.

Und so tritt denn an die höhere Schule Deutschlands
die ernste Mahnung, sich der Arbeit nicht zu verschliessen;
gehen doch aus ihr gerade die Männer hervor, die in erster
Reihe berufen sind, die deutsche Sprache in Wort und Schrift
rein zu erhalten und den Sinn für eine Volkssprache wieder zu erwecken. Der Gelehrte, der Prediger, der Richter,
der Verwaltungsbeamte, der Lehrer, der Forstmann, der Tech-
niker, der Künstler, der Schriftsteller, sie alle legen den
Grund sowohl ihres Wissens, als ihres Denkens und Wollens
in den höheren Schulen. Wenn also hier als Keim in die
jugendlichen Seelen gelegt wird die deutsche Sprache rein
zu erhalten, so wird die Saat hinausgetragen zunächst in die
Familie, in den gesellschaftlichen Verkehr, schliesslich in die
ganze gebildete Welt und kann und wird tausendfältige Früchte
tragen. Bedenken wir, dass was die Schule den Schülern
mitgiebt, fürs ganze Leben ist und dass der Satz „non scholae
sed vitae discimus" auch hier seine Anwendung findet.
Ist doch gerade der Grundsatz der nationalen Erziehung ein Schlagwort, das in allen erziehlichen Schriften
eine so grosse Rolle spielt. Aber soweit ich sehen kann, ist,
so oft auch davon auf Direktorenzusammenkünften, Lehrer-
versammlungen, in Lehr- und Schulbüchern die Rede war,
die Reinheit unserer Muttersprache noch nicht berührt
worden, obgleich Gelegenheit genug dazu geboten war.

Ich führe hierbei nur an: die Versammlung der Direktoren der westfälischen Gymnasien und Realschulen in Soest 1873, die über „die Erziehung unserer Jugend zu nationaler Gesinnung" verhandelte; ferner: die Verhandlungen der 3. Direktorenversammlung in der Provinz Sachsen 1880, wo über „die Aufgaben der Methode des deutschen Unterrichts auf Gymnasien und Realschulen" gesprochen wurde; sodann die Verhandlungen der 20. Direktorenversammlung in der Provinz Westfalen 1881, die die Frage behandelten: „welche Mittel hat die Schule anzuwenden, um dem vielfach hervortretenden Mangel der Schüler an klarer und gewandter Ausdrucksweise in der Muttersprache abzuhelfen?" endlich die Verhandlungen der 4. Direktorenversammlung in der Provinz Hannover 1885, wo der Unterricht in der deutschen Grammatik auf der Tagesordnung stand und wobei gefordert wurde, „das Interesse und Verständnis der Schüler für den Bau und die Bildung der Muttersprache anzuregen und das Sprachbewusstsein zu fördern." Wie nahe war es hierbei überall gelegen, auch die Fremdwörterfrage mit hereinzuziehen. Aber weder Vortragende noch Berichterstatter berührten diese, ein Beweis, dass von seiten der höheren Schule ihr die gehörige Beachtung noch nicht geschenkt wurde.

In einer der letzten Nummern der „Grenzboten" (No. 22 vom 24. Mai 1888, S. 443) ist darauf hingewiesen, dass, während auf allen Gebieten der Wissenschaften das Streben erkennbar sei, sich von den herkömmlichen Fremdwörtern frei zu machen und deutsch zu reden, und auch die neueren Schriften über Erziehungs- und Unterrichtswissenschaft davon im allgemeinen keine Ausnahme machten, einige von den Vertretern dieser Wissenschaft, diejenigen nämlich, die sich selbst mit Vorliebe „die wissenschaftliche Pädagogik" nenne, die Männer der Herbart-Ziller'schen Richtung, als bewusste Gegner jenes Bestrebens erschienen; sie begnügten sich nicht damit, die auf dem betreffenden Wissenschaftsgebiete herkömmlichen Fremdwörter anzuwenden, sondern führten noch eine Menge neuer ein. Früher sagte man, beim Unterricht dürfe man sich nicht mit der blossen Anschauung begnügen, man müsse nach dem Wie und nach dem Warum fragen; jetzt klinge es viel gelehrter, wenn man von „empirischem" und „spekulativem Interesse" rede. Sonst erzog man das Kind zu

einem würdigen Gliede der menschlichen Gesellschaft, pflegte
Nächstenliebe, Gemeinsinn; jetzt gelte es das „sympatheti-
sche und sociale Interesse" zu berücksichtigen. — Dieser
Vorwurf scheint mir nicht mit Unrecht erhoben zu sein.

Wenn besonders das Gymnasium nicht jetzt die Sache
mit Ernst angreift und thatkräftig Stellung zu ihr nimmt,
nachdem, wie wir gesehen haben, bereits die weitesten Kreise
ihre mitwirkende Teilnahme an der Behandlung der Frage
ausgesprochen und zum Teil schon bewährt haben, so werden
wir bald erleben, dass unsere Schule zu den vielen Vor-
würfen, die neuerdings gegen sie erhoben wurden, auch noch
den hören muss, dass es uns mit jener viel berühmten nationalen Erziehung nicht Ernst sei; nicht genug, dass wir
unseren Schülern mehr über die alten Völker als über die
lebenden Aufschlüsse geben, so hört man hie und da sagen,
so dass sie besser Bescheid auf dem Forum Romanum oder
auf der Akropolis von Athen als im deutschen Vaterlande
wüssten, so lernten sie auch statt einer reinen Muttersprache
ein charakterloses, verwelschtes Mischmasch, das die Ver-
achtung und den Spott der Nachbarn herausfordere. Wollen
wir uns diesen Vorwurf machen lassen? ist es nicht unsere
Pflicht, den Feinden unserer klassischen Bildung diese neue
Waffe nicht in die Hand zu drücken?

Es fragt sich nun, welche Mittel uns zu Gebote stehen,
um dem Überhandnehmen der Fremdwörter zu
steuern, sowie die übermässig vorhandenen allmählich zu
verbannen und auszumerzen.

Dabei tritt zunächst die ernste Mahnung an jeden einzelnen Lehrer, sowohl im Unterricht als im persönlichen Verkehr an sich zu arbeiten, ein nachahmenswertes
Vorbild zu werden.

Ich weiss aus eigener Erfahrung, dass es keine leichte
Arbeit ist, die hierbei jeder einzelne für seine Person über-
nimmt. Sind wir doch selbst durch Gewohnheit so weit ab-
gestumpft, dass wir in unzähligen Fällen gar nicht beachten
oder merken werden, wenn wir Fremdwörter anwenden; es
bedarf also einer unausgesetzten geistigen Schulung und Übung,
die gewiss, besonders uns älteren Lehrern, anfangs recht sauer
werden wird. Wir haben uns aber doch auch mit der neuen
deutschen Rechtschreibung und mit der neu eingeführten Aus-

sprache des Lateinischen befreundet, also werden wir auch
diese Unbequemlichkeit überwinden lernen, und unsere Muttersprache ist es wohl wert, dass man sich für kurze Zeit einem
gewissen Zwang unterwirft.

Leichter als im persönlichen Verkehr wird es jedenfalls im Unterricht sein, diesem Übel zu steuern. Wie
oft kommt es vor, dass Schüler aus Bequemlichkeit, Denkfaulheit, oft auch infolge schlechter Vorbereitung beim mündlichen Übersetzen aus fremden Sprachen, besonders aus
der französischen, Fremdwörter anwenden. Aber auch der
deutsche Aufsatz bekommt nach ihrer Ansicht einen höheren Schliff, wenn sie ihn mit Fremdwörtern spicken. Hier
gilt es also zuerst, den Hebel anzusetzen. Streichen wir
doch auch im lateinischen Stil ungebräuchliche, dichterische,
nachklassische Wörter, die von den Schülern gebraucht werden, als fehlerhaft an, warum sollen wir nicht mit mehr Fug
und Recht fremde Ausdrücke unserer Sprache als Fehler
anrechnen?

Doch ich kann über diesen Punkt hinweggehen, da ich
überzeugt bin, dass sicherlich die meisten Lehrer des Deutschen dieses Verfahren anwenden.

So sehr ich aber auch davon überzeugt bin, dass der
einzelne Lehrer bei gutem Willen und richtigem Verständnis anregend und fruchtbringend auf seine Schüler einwirken
kann, so sehr bin ich aber davon überzeugt, dass das allein
nicht genügt. Selbst wenn auf Veranlassung des Leiters
einer Anstalt die Lehrerschaft derselben Schule in gemein-
samem Sinne arbeitet, besonders auch durch Bekanntschaft
mit den einschlägigen Schriften, die schon einen bedeutenden
Umfang angenommen haben, sowie durch Anschluss an den
allgemeinen deutschen Sprachverein bezw. Neubildungen von
Zweigvereinen, so verspreche ich mir doch für die Gesamt-
heit nicht viel. Einen wirklichen Erfolg kann ich nur darin
sehen, wenn sich die oberste Schulbehörde der Sache
mit warmem Herzen annimmt. Es würde dabei also zuerst
an einen Erlass an alle höheren Lehranstalten des
Landes zu denken sein, worin auf die Wichtigkeit der Sache
aufmerksam zu machen und die Lehrer zu veranlassen wären,
sich der entbehrlichen Fremdwörter thunlichst zu enthalten,
sowie im Übersetzen aus fremden Sprachen und im deutschen

Unterricht keine solchen von seiten der Schüler zuzulassen. So hat die königl. Regierung zu Arnsberg im Februar d. J. den Lehrern und Lehrerinnen der Volksschulen in einer allgemeinen Verfügung aufgegeben, Fremdwörter, welche sich durch deutsche Ausdrücke ersetzen lassen, sowohl im Umgang mit den Schulkindern als im mündlichen und schriftlichen Verkehr mit den Vorgesetzten zu vermeiden. Ferner hat die königl. Regierung zu Münster die Kreisschulinspektoren ihres Bezirkes angewiesen, sich im Verkehr mit den Schulkindern und im schriftlichen Verkehr mit den Behörden der überflüssigen Fremdwörter thunlichst zu enthalten. Eine ähnliche Verfügung wurde im Herzogtum Anhalt erlassen.

Ebenso hat am 1. Februar 1888 der sächsische Kultusminister von Gerber den Direktoren der höheren Schulen des Königreichs Sachsen „ans Herz gelegt, durch Unterweisung und gutes Beispiel auf die Beseitigung entbehrlicher und leicht ersetzbarer Fremdwörter bei der Jugend hinzuwirken." „Man vertraut dabei, heisst es weiter, dass Übertreibungen ferngehalten werden, durch welche die Natürlichkeit der mündlichen und schriftlichen Gedankenäusserung beeinträchtigt und der an sich löblichen Bestrebung das Gepräge der Kleinlichkeit aufgedrückt werden würde."

In der Schrift von O. Arndt „Gegen die Fremdwörter in der Schulsprache" wird nachgewiesen, dass das ganze Schulleben des Gymnasiasten, vom Eintritt bis zum Verlassen der Schule, von Fremdwörtern durchflochten ist; in der Schulverwaltung, von den Schulnamen und Schularten an, im ganzen Unterrichtsbetrieb, in den einzelnen Fächern habe ich weit über 1600 Fremdwörter gezählt, die zum Teil fast täglich gebraucht werden und die gewiss teilweise durch deutsche Ausdrücke sich ersetzen liessen. Hie und da findet man schon Spuren und Anfänge von Besserung: anstatt der Programme erscheinen jetzt meist Jahresberichte, statt Chronik heisst es Geschichte der Anstalt; der Ordinarius ist vielfach der Klassenvorstand u. a.

Ich gestehe gern zu, dass es auch auf diesem Gebiete nicht leicht ist, sich über die Entbehrlichkeit der Fremdwörter zu einigen. Das ist zunächst auch gar nicht nötig, sondern es genügt fürs erste, auf die Masse der leicht ersetzbaren fremden Ausdrücke hinzuweisen, Vorschläge für

deren Ersatz zu machen und es den Bestrebungen der Lehrerschaft und — der Zeit zu überlassen, dieselben allmählich
auszurotten. Man muss immer wieder darauf hinweisen, dass
auch das Sprachgefühl der Entwickelung fähig ist. Wenn
wir bei Campe ' "Wörterbuch zur Erklärung und Verdeutschung der uns_.er Sprache aufgedrungenen fremden Ausdrücke 1813") unter Dame und Demoiselle lesen: „diese
französischen Wörter schon jetzt aus der Umgangssprache
verbannen zu wollen, würde ein vergebliches Unternehmen
sein," so kann man dies auch heute bei vielen Fremdwörtern
sagen; es soll eben zunächst nur der Boden für eine möglichste Reinheit vorbereitet werden.

Im allgemeinen muss der Schüler vielfach auf den Gedanken kommen, dass die deutsche Sprache zu arm sei, als
dass sie ohne fremde Hilfe bestehen könne. Bestärkt wird er
in dieser Ansicht noch durch die Lehrbücher der einzelnen
Unterrichtsgegenstände, in denen nicht bloss (z. B. in den
Schulgrammatiken) die lateinische althergebrachte Termino-
logie von Jahr zu Jahr sich forterbt, sondern auch in neuen
Lehrbüchern auch neue Ausdrücke Aufnahme finden. So stehen
in der neu eingeführten lateinischen Grammatik von
Stegmann folgende bisher nicht allgemein gebrauchten Ausdrücke: Lehre von der Kongruenz, prädikatives Attribut (präd.
Apposition), die Funktionen zweier verloren gegangener Kasus
(§. 136), ablativus separationis (— comparationis), verbale,
nominale Natur; die Verba werden syntaktisch als Substan-
tiva verwandt, koinz'dente Nebensätze, Kongruenz und An-
tecedenz, Nebensätze obliquer Beziehung, in potentialem Sinne
u. s. w.

Aus der französischen Grammatik von Ciala habe
ich nicht bloss aus den Regeln, sondern auch aus den Übungs-
stücken und den zu lernenden Wörtern und zwar aus allen
drei Teilen eine Masse unnötiger Fremdwörter angemerkt.
So in Ciala I. Teil: Märtyrer, Tyrann, tyrannisch, Operation,
Statue, Sklaverei, Intrigue, Armee, auf dem Piano, die Ex-
ercitien, Lektion, Monument, Kommandant, Republik, Banke-
rott, korrigiert, die Befehle seines Chefs, Restauration, Tri-
kolore, Horizont, Appetit (der Appetit der Wölfe ist sehr
gross!), Spiegelgalerie, ...kript. — Aus Teil II: Sche-
mata, archaische Forme, reduziert, assimiliert, Kontraktion,

existieren, Formation der Kasus, Epicoena. — Prinzipal, Phantasie des Dichters, obgleich er mit Interesse dient, Zisterne, Lektüre, Komödie, Gouverneur, klassische Autoren, Interpunktionszeichen, Deputiertenkammer, Medizin, lakonischer Kriegsbericht, Tragödie, Charakter, Patrouille, der kommandierende General, das Gebiet des Occidenes, Elixir. — Aus Teil III: Gradation, in lebhafter Diktion, Resultat, in objektiver Weise, negative, rhetorische Frage, der absolute Zeitpunkt, distributive Bedeutung, individuell unbestimmte Person, qualitative Bedeutung (Bestimmung), prädikative Kasus, faktitiv, Phrasen und Redewendungen, in archaischer Weise, Kongruenz der attributiven Bestimmungen, adjektive Natur, Proportionalsätze. — System, Methode, Kontinent, Prätendent, Kommando, Luxus, kultivierende Ideen, Prinzip, Fourage, Munition, Strapazen, frivol, militärischer Ruf, die Majestät der Natur imponiert, deklamieren, Individuen, Organisationstalent, das undisciplinierte Idiom der Germanen, Inkorrektheit, eine ungeheure Revue, Rolle der Naiven, diametral entgegengesetzt, melancholischer Stolz, harmonische Rhythmen, moderne Sprachen, griechische Zivilisation, vegetabilische Nahrungsmittel, zivilisierte Nationen, portofrei, nichtfrankierte Briefe, gewagte Intriguen, pragmatische Geschichtsschreibung, methodischer durchgeführt, schön proportioniert, eine direkte Kenntnis von diesem Faktum u. a.

Auch aus dem Geschichtsbuch für die Mittelklassen von Jäger lassen sich viele entbehrlichen Fremdwörter nachweisen, wie chronologische Tafel, chronikartig, Tributzahlungen, energisches Einschreiten, Kolossalstandbild, Garnisonsdienst, Amnestie, Synode von Korinth, die Licinischen Rogationen, Reformversuch, Veto einlegen, Günstlinge und Kreaturen, Bankerottierer, Mythus, Disciplin, patriotische Gewissenhaftigkeit, Komödie, Friedenskongress, Expedition, Regententhätigkeit, die ökonomische Lage, Secession der Plebs, Kommando, Sklaverei, Oberpontifex, Kulturmittelpunkt u. v. a.

Ganz besonders reiche Ausbeute findet sich in dem Geographiebuch von Seydlitz. Es handelt sich freilich gerade in der Erdkunde darum, die Kinder mit einer Menge neuer Begriffe bekannt zu machen, die eben vielfach durch das Fremdwort gegeben werden. Warum wird dann aber nicht wenigstens abgewechselt, bald der fremde, bald der

4

deutsche Ausdruck angewendet, nachdem eine Begriffserklärung
gegeben war? Ich fürchte zu ermüden, wenn ich die in
Seydlitz vorkommenden Fremdwörter mitteilen werde. Aber
nur durch eine solche Zusammenstellung gewinnt man einen
Überblick über die Masse fremder Ausdrücke, die dem Schüler
schon frühzeitig eingeprägt werden, die er als etwas ganz
Natürliches in seinen deutschen Wortschatz aufnimmt. So
sind, ausser dem Wort Geographie selbst, gewiss folgende
Fremdwörter entbehrlich: Orientierung, revidiert, Tabelle,
Lehrmethode, Atmosphärologie, klimatische Gesetze, topische
Kenntnisse, systematische Heranziehung, nationaler Standpunkt, Spezialausgaben, Kartenskizzen, Relief, topische Stoff-
fülle, Repetitionskarten, Buchformat, Spezialkärtchen, Original-
Zeichnung, typische Landschaften, auf kolonialem Gebiet,
direkt, reklamieren, Dedikations-Exemplar (all das auf kaum
6 Seiten des Vorworts!), ferner: Parabel, elliptisch, Sphä-
roid, Geoid, rotieren, Rotation, Erdquadrant, Horizont, Peri-
helium, Aphelium, Ekliptik, Äquinoktialpunkte, Zonen, Iso-
thermen, Revolution (als jährliche Bewegung der Erde um
die Sonne), Frühlings- und Herbstäquinoktium, Polarzone. —
Kontinentale und ozeanische Inseln, Atolle, Archipel, Kap,
Isthmus, Plateau, Depressionen, Parallel-Ketten, Sediment-
Gesteine, Konglomerate, Absatzprodukte, Schieferformation,
Eruptivgesteine, Diluvium, Alluvium, kulturfähiger Acker-
boden, lockere Diluvialmassen, diluviale Periode (diluviale
Säugetiere, diluviales Alter), absolute, relative Höhe, Moränen,
Lawinen, Katarakte, pacifischer Ozean, ultramarin, Tropen,
„wegen Konzentrierung grosser Räume notwendigerweise karri-
kiert" (Bemerkung zu einer Zeichnung), Quadraturen, Äqua-
torialströmung, Polarströmung, Regulatoren der Klimate der
Erde, Temperatur, Thermen, atmosphärische Niederschläge,
Mineralien, artesische Brunnen, Stromsystem, Delta, säkulare
Hebung, Bifurkation, Zentralafrika, Lagunen, Atmosphäre,
Meteorologie, Barometer, Ballonfahrten, Südwest-Passat, Kal-
men-Zone, Passat-Zonen, subtropische Zonen, Antipassat,
Kalmengürtel, Zenithstand der Sonne, Monsungebiet, See- und
Kontinentalklima, Taifune, Produkte, Mineralreich, Kultur-
pflanzen, Dialekt, Rassen, Monotheisten, Polytheisten, Feti-
schismus, Nomaden, kultivierte Völker, Patriarch, patriarcha-
lische Lebensweise, Despotie, absolute Monarchie, Autokratie,

konstitutionelle Monarchie, aristokratische, demokratische Republik (all das auf 29 Seiten des ersten Teils!). — Plateau, kontinentale Flüsse, klimatische Dreiteilung, sibirische Zone, Kulturheimat, Levante, Plateaustrom, Terrassen, despotisch regiert, feuchtwarmes Tropenklima, fossiles Elfenbein, Deportierte, terrassenförmig, plateauartig, trapezförmig, diagonal, periodische Gewässer, aromatische Kräuter, kolossale Reichtümer, Residenz, der erste Industrieplatz, der industriereichste Landstrich, Champagnerfabrikation, Fabriklage, medizinische Schule, Parketerie, Glanzperiode, Baumaterial, Hausindustrie, Elektoralwolle, phantastische Quadersandsteinbildungen (dagegen Reichshochschule!), Hochgebirgsregionen, ozeanisches, arktisches Klima, halbbarbarische Pracht u. s. w. Alle die im ersten Teil vorkommenden Begriffe kommen gelegentlich im zweiten Teil wieder vor, und zwar ohne die deutsche Bedeutung, die in Klammern beim erstmaligen Vorkommen hie und da beigesetzt war, ein Zeichen, dass die Absicht ist, dass der Schüler alle die fremden Ausdrücke lerne.

Der Zweck dieser Zusammenstellung ist, wie schon bemerkt, nicht der, dass ich nun für jedes Fremdwort einen passenden deutschen Ausdruck bereit hätte, der an die Stelle desselben gesetzt werden sollte; denn es sind eben auch viele sog. internationale Bezeichnungen fremdländischer Gegenstände dabei (wie Monsun, Taifun u. dgl.). Aber lehrreich ist es doch, zu sehen, welche Anforderungen an unsere Schüler vom 9. bis zum 14. Jahre allein in der Erdkunde gestellt werden, in der sie ausser den Namen fremder Länder, Städte, Flüsse und Berge (bei welchen wir — auch wieder eine Eigentümlichkeit der deutschen Gründlichkeit! — sogar womöglich die richtige landesübliche Aussprache verlangen), noch alle die oben angeführten Begriffe sich einzuprägen haben. Das ist auch eine Art von Überbürdung, die leicht vermieden werden könnte.

Von der Aufzählung der anderen eingeführten Lehrbücher mit Angabe der entbehrlichen Fremdwörter, ausser den naturgeschichtlichen und mathematischen Büchern und den Wörterbüchern (besonders auch den kleinen Wörterbüchern, die in der Sammlung französischer und englischer Schriftsteller im Verlag von Velhagen & Klasing erschienen sind), in erster Reihe die deutschen

4*

Lesebücher, glaube ich Umgang nehmen zu können. Jeder aufmerksame Lehrer wird von selbst darauf stossen und sich bemühen, bei der Benützung derselben die Fremdwörter durch deutsche zu ersetzen und vorkommenden Falls diese zu verlangen.

Nun noch ein Wort über das amtlich eingeführte „Regeln- und Wörterverzeichnis zur deutschen Rechtschreibung". Dasselbe enthält etwas über 13 600 Wörter. Über 3700 Wörter darunter sind entbehrliche Fremdwörter, also etwa das vierte Wort; dazu sind nicht mitgerechnet die Lehnwörter, die Eigennamen und Titel, die wissenschaftlichen Kunstausdrücke und endlich die Bezeichnungen für fremde Dinge. In § 22 heisst es: „Der Gebrauch der Fremdwörter ist möglichst zu beschränken. Insbesondere sind die als undeutsch empfundenen Wörter zu vermeiden, wenn ihnen vollberechtigte und entsprechende deutsche zur Seite stehen. Nicht zu vermeiden sind jedoch die üblich gewordenen fremden Kunstausdrücke und fachlichen Bezeichnungen." Welcher Freund der Sprachreinigung sollte sich nicht über die Fassung dieser Regel freuen? Nun kann man aber mit Recht fragen: aus welchem Grunde und zu welchem Zwecke ist diese Masse von Fremdwörtern aufgenommen, wenn deren „Gebrauch doch möglichst zu beschränken" ist? Das Büchlein ist ausdrücklich „zum Gebrauch in den badischen Schulen" bestimmt. Das ist doch aber sicherlich nicht, so gemeint, dass der Schüler, wenn er irgendwo in einem Lesebuch oder sonstwo ein Fremdwort findet, in seinem Rechtschreibbüchlein nachsieht, ob dasselbe auch regelrecht geschrieben ist. Der „Gebrauch" ist doch wohl so zu verstehen, dass der Schüler beim Abfassen von Aufsätzen sich über zweifelhafte Fälle der Rechtschreibung Rats erholt. Und von diesem Gesichtspunkte aus ist die Aufnahme der vielen Fremdwörter anzufechten, und jener § 22 wird ganz hinfällig. Auch wenn man das Büchlein für Übungen in der Rechtschreibung zu Grunde legt, so dürften doch höchstens solche Fremdwörter dabei berücksichtigt werden, die allgemein als unentbehrlich gelten.

Wenn man flüchtig die Reihen der Wörter übersieht, könnte man auf den Gedanken kommen, es sei ein Fremdwörterbuch; denn auf manchen Seiten finden sich ganze Reihen

Fremdwörter, aber nur bei gleich lautenden steht in Klammer die deutsche Bedeutung dabei, so bei Fond und Fonds, Dessein und Dessin u. a., oder bei einzelnen, wie kommun (gemein), kreieren (wählen), Ödem (Geschwulst), karieren (mit Vierecken versehen), Schären (Klippen) u. a. Bei Äquator ist das deutsche Wort nicht beigesetzt, dagegen bei Gleicher steht in Klammer Äquator.

Es ist vielleicht beachtenswert, die Fremdwörter zusammenzustellen, die wohl kaum je einem Schüler vorkommen dürften, die also unnötiger Weise aufgenommen sind und bei einer neuen Auflage ganz gut in Wegfall kommen könnten; es sind u. a. etwa folgende: abjudizieren, apprehensiv, Accoucheur, allons, annihilieren, assertorisch, Austrägalinstanz, Balneotherapie, die Cartouche, deteriorieren, detinieren, diaphan (diagnostizieren), ennuyieren, enfilieren, Epipedon, Esparsette, evaporieren, Exanthem, Excenter, Exspektant, expansible, Filou, futil, garottieren, Goniometer, Infinitesimal, guillochieren, Halurgie, instradieren, justieren, kachektisch, Kachexie, Karviol, kalorisch, Kanonissin, kohäsiv, korrosiv, kotieren, krenelieren, Mutilation, nuptial, opak, paciszieren, Panaché, Panacee, paraphieren, Parenchym, Pasigraphie, partout, parthenopeisch, perforieren, peristaltisch, phlogistisch, pirouettieren, Poule, Oleaster, Präcipitat, volatil, Voracität, Trouvere, tergiversieren, Thaumaturg, Support, sportulieren, saturieren, ricochetieren, Rastral, rastrieren, rasant u. a. Auch das Wort Guerillakrieg findet sich, über das sich Hildebrand in seinem Buch S. 132 auslässt und das er mit der „reitenden Kavallerie" und der „Salzsaline" im Munde des gemeinen Mannes zusammenstellt.

Konrad Duden in seinem „orthographischen Wörterbuch" hat in der neuesten Auflage hinter jedes Fremdwort die deutsche Bedeutung gesetzt*, und so erfüllt sein

---

* Vergl. Zeitschrift für das Gymnasialwesen XXXXII. Bd., Juni-Heft, S. 371/2, in welchem Wezel-Berlin eine Beurteilung des Dudenschen „orthographischen Wörterbuchs" folgendermassen schliesst: „ich kann die Bemerkung nicht ganz unterdrücken, dass der Verfasser bei der Aufnahme von Fremdwörtern fast etwas zu viel gethan zu haben scheint. Der Verfasser sagt ja selbst, er wolle nicht ein deutsches Wörterbuch, noch weniger ein Fremdwörterbuch geben. Wozu also Wörter wie: enrhümiert, ennuyant, timide, tergiversieren, gaudieren und recht viele andere? Wer erst nachschauen muss, wie diese Wörter zu schreiben sind, der schreibe doch lieber gleich „verschnupft", „langweilig" und „schüchtern" und „mache nicht Win-

Rechtschreibebuch einen doppelten Zweck; es wäre zu wünschen, wenn auch das Wörterverzeichnis für die badischen
Schulen eine Umarbeitung erführe. Auch B. Schröter in den
Jahrbüchern für Philologie (138. Band, II. Abteilung, S. 238)
bemerkt in einem Aufsatz, der mir eben noch zu Gesicht
kommt („Die Sprachreinigung und das Gymnasium"), das
Büchlein „Regeln und Wörterverzeichnis für die deutsche
Rechtschreibung" scheine der Anwendung von Fremdwörtern
im deutschen Unterricht geradezu eine Berechtigung zu ver-
leihen.

Wenn ich also, die Frage der Lehrbücher betreffend,
einen darauf bezüglichen Vorschlag zu machen mir erlaube,
so ginge dieser dahin, bei Zugrundelegung eines Lehr-
buchs, also auch des deutschen Lesebuchs, solle darauf ge-
achtet werden, statt der entbehrlichen Fremdwörter ein deutsches Ersatzwort beizuschreiben und das Fremdwort einzu-
klammern, nicht etwa umgekehrt; denn was in Klammern
steht, gilt bei den Schülern als minderwertig. Bei Einführung neuer Lehrbücher wäre sodann dieser Frage
eine besondere Aufmerksamkeit zu widmen; bei neuen Auflagen müssten die Verfasser veranlasst werden, die Schul-
bücher einer Durchsicht zu unterziehen. Dass übrigens gelegentlich und nebenbei den Schülern Aufschluss über viel
gebrauchte Fremdwörter, über den Unterschied derselben zu
Lehnwörtern, ihre Herleitung u. dergl. gegeben werde, soll
durchaus nicht abgeraten werden.

Hierbei muss noch die Frage behandelt werden: sollen
auch in der lateinischen Grammatik die hergebrachten Kunst- und Fachausdrücke durch deutsche Bezeichnungen ersetzt werden?

Es kämen hierbei nur die höheren Lehranstalten in Betracht, die Latein lehren; denn bei den anderen scheint
es mir fast selbstverständlich, dass man hiervon absieht; so
hat der Lehrkörper der höheren Töchterschule in Heidelberg
auf Veranlassung des Direktors sich in einer Besprechung
bei sämtlichen grammatikalischen Ausdrücken über die deut-

---

kelzüge", die wirklich nicht „erfreuen". Vielleicht trägt der so sehr ver-
breitete und in hohem Ansehen stehende „Duden" gerade dadurch viel zur
Sprachreinigung bei, dass in diesem Wörterbuch der deutschen Sprache
Wörter, wie oben beispielsweise angeführt sind, nicht verzeichnet stehen."

sche Wiedergabe geeinigt. Es wäre auch ganz unnötig, die
Schüler, die kein Latein lernen, mit diesen Ausdrücken zu
belasten, da ja die französische Sprache zum Teil ganz andere
Ausdrücke hat: das Accusativobjekt ist hier régime direct,
das Dativobjekt régime indirect; Prädikat ist den neueren
Sprachen vollständig fremd; Attribut ist complément (auch
im englischen); Subjekt ist sujet, also doch auch für den
Nichtlateiner ein neues Wortgebilde. Auch für die Lehre
von den Satzzeichen, Interpunktion (ponctuation) wären z. B.
deutsche Ausdrücke zu wählen: Komma d. h. Beistrich,
französisch virgule u. a.

Bleiben also nur die lateinlehrenden höheren Schulen. Und da scheint es mir kein Nachteil, sondern vielmehr
ein nicht in Abrede zu stellender Vorteil zu sein, wenn der
Schüler gehalten ist, jeden grammatischen Kunstausdruck sofort und zu jeder Zeit deutsch gegenwärtig zu haben; wenn
er sich immer klar vor Augen hält, Praesens ist Dauer in
der Gegenwart, Imperfect Dauer in der Vergangenheit, Fu-
turum exactum Vollendung in der Zukunft, Infinitiv ist die
Nennform oder Hauptwortsform des Zeitworts, casus obliquus
ist der abhängige Beugungsfall u. drgl., statt hinter der
Nennung der lateinischen Bezeichnung seine Unkenntnis des
Begriffs zu verbergen, wie ich dies oben an einem Beispiel
gezeigt habe. Oder sollte es nur mir vorgekommen sein,
dass sich noch Schüler der Secunda nicht sofort darüber
Rechenschaft ablegen konnten, was man unter genus und
numerus versteht? Über eine deutsche Bezeichnung der
sprachwissenschaftlichen Kunstausdrücke dürfte sich unschwer
eine Einigkeit erzielen lassen; auch braucht ja auf diesem
Gebiete nichts übereilt zu werden.

Freilich wird man mir auch hier einwenden, dass es
bequemer sei, den kurzen lateinischen Kunstausdruck zu
gebrauchen; leidet aber nicht oft die Klarheit und das Verständnis unter dieser Kürze? Vom erziehlichen Standpunkte
aus ist es geradezu geboten, diese für die Schüler vielfach
leeren Begriffe mit Inhalt zu versehen. Und dies nicht
nur bei grammatikalischen Ausdrücken! Mache man doch
an sich selbst den Versuch, die Fremdwörter, die man so oft
gebraucht, mit deutschen Ausdrücken wiederzugeben; erfordert
es nicht anfangs eine gewisse geistige Anstrengung, den

richtigen Ersatz dafür zu finden? denn ein Übersetzen des
Fremdworts soll nicht empfohlen werden, sondern ein Ersetzen, wenn nötig, ein Umschreiben. In diesem Verfahren
wird man eine heilsame Verstandesübung nicht verkennen,
und je mehr man sie anwendet, desto mehr wird man gewahr,
wie reich die deutsche Sprache ist; ein solches Mittel aber
zur Denkübung sollte sich die Schule nicht entgehen lassen.

Um also noch einmal zusammenfassend zu wiederholen,
wie ich mir denke, dass von der obersten Schulbehörde die
Sprachreinigung in der Schule erfolgreich gefördert werden
könnte, so wäre 1) ein Erlass an die Lehrer der höheren Schulen zu richten mit der Aufforderung, in diesem
Sinne durch gutes Beispiel voranzugehen; 2) das Augenmerk
auf die vorhandenen Lehrbücher zu lenken und die darin enthaltenen entbehrlichen Fremdwörter durch deutsche
Ausdrücke zu ersetzen; 3) bei Einführung neuer Lehrbücher beziehungsweise neuer Auflagen diesem Punkte
dieselbe Aufmerksamkeit zuzuwenden und endlich 4) eine Zusammenstellung aller entbehrlicher Fremdwörter,
die im Bereiche der höheren Schule vorkommen, zu veranlassen mit Beisetzung von deutschen Ersatzwörtern, die allmählich an die Stelle der Fremdwörter treten würden. Durch
diesen Vorgang würden vielleicht auch andere Regierungen
deutscher Staaten zu ähnlichem Vorgehen veranlasst und an-
geregt werden, so dass allmählich in ganz Deutschland auch
hierin ein einheitliches Zusammenwirken erzielt werden dürfte.

Bei dem grossen nationalen Ziele, das uns vor Augen
schwebt, dem deutschen Volke seine Muttersprache möglichst rein und unverfälscht zu erhalten, wird uns gewiss
der Vorwurf der schulmeisterlichen Kleinlichkeit nicht gemacht werden können. Und wenn wir bedenken, welch
fruchtbarer Same von der Schule auf die Gesamtbevölkerung
Deutschlands ausgestreut wird, so ist es kaum zu vertrauens-
selig, wenn wir annehmen, dass in absehbarer Zeit dem un-
leidlichen Überhandnehmen der Fremdwörter ein Ziel gesteckt
sein wird. Über den Grad der Entbehrlichkeit der Fremdwörter werden die Ansichten immer auseinandergehen. Daran
soll aber der Versuch nicht scheitern. Warum sollen wir
gegen einen Gelehrten, der unbedingt erklärt, ohne diese
oder jene Fremdwörter nicht auskommen zu können, mit

heftigen Ausdrücken losfahren, wie seiner Zeit Philander von Sittewald mit seinem: „Pfui dich der Schand!"

Mit Schimpfen und Schelten wird überhaupt nichts erzielt. Dadurch soll sich ja überhaupt die heutige Bewegung gegen die Fremdwörter vor der früheren vorteilhaft unterscheiden, wie mir scheint, dass immer wieder betont wird: „nur keine Übereilung, nur kein blinder Eifer!"

Bedenken wir, dass Jahrhunderte an der Verwelschung unserer Muttersprache gearbeitet haben, dass Jahrhunderte lang Deutschland unter den beherrschenden Einflüssen des Auslandes gelebt hat; wie wäre es möglich, dass über Nacht die Einwirkungen von Jahrhunderten abgestreift werden? Vielmehr ist eine unermüdliche Arbeit von Jahren und Jahrzehnten erforderlich, um unser Volk so zu bilden, dass das Gefühl für den Wert und die Würde einer rein deutschen Rede geschärft, dass der Stolz auf die Muttersprache geweckt wird, dass es die fremden Fesseln abschüttle und sich auch in Bezug auf seine Sprache auf sich selbst besinnt.

Ein Anfang ist gemacht, viel bleibt noch zu thun: Vor 18 Jahren haben wir das Volk, das uns lange genug auf manchen Gebieten Gesetze vorschrieb, in blutigen Kämpfen überwunden und uns die Einheit aller deutschen Stämme errungen; fast gleichzeitig hat auch auf dem Gebiete des Geistes ein Kampf um die Unabhängigkeit und Selbständigkeit, um Reinheit und Schönheit der deutschen Sprache begonnen. Für dieses hohe Gut mit ganzer Thatkraft, unbekümmert um den höhnischen Spott Andersgesinnter, unentwegt einzutreten, ist auch die Pflicht der höheren Schulen, eingedenk des Dichterworts:

> Verpflanz' auf deine Jugend
> Die deutsche Treu und Tugend
> Zugleich mit deutschem Wort!

Zu vorliegender Arbeit wurden folgende Schriften, die über die Fremdwörterfrage erschienen sind, benützt, welche ich nach der Zeit ihres Erscheinens verzeichne:

1. Campe, J. H.: Wörterbuch zur Erklärung und Verdeutschung der unserer Sprache aufgedrungenen fremden Ausdrücke. Braunschweig 1813.
2. Brugger: Geschichte der Gründung und Entwickelung des Vereins der deutschen Reinsprache u. s. w. Heidelberg 1862.
3. Schacht, Dr. L.: Über den Kampf der deutschen Sprache gegen fremde Elemente. Programm der Realschule I. Ordn. zu Elberfeld 1866.
4. v. Salpius: Über Verdeutschung amtssprachlicher Fremdworte. Preuss. Jahrbücher. Bd. 23. 1869.
5. Mertens, Dr. Th.: Wider die Fremdwörter. Abgedruckt aus dem Schulbericht der Stadttöchterschule II zu Hannover. Hannover 1871.
6. Buchner, Dr. W.: Die Schule und das Fremdwort. 15. Jahresbericht der evang. höh. Töchterschule zu Krefeld. 1872.
7. Tobler, Prof. Dr.: Die fremden Wörter in der deutschen Sprache, Vortrag. Basel 1872.
8. Sanders, Dan.: Über Fremdwörter in „Unsere Zeit" Bd. 11, Heft 10. 1875.
9. Heinze, Th: Über die Fremdwörter im Deutschen. Deutsche Zeit- und Streit-Fragen, Jahrgang VII, Heft 106. 1878.
10. Keller, Deutscher Antibarbarus. Stuttgart, I. Aufl. 1879. II. Aufl. 1886.

11. Hildebrand. Rud.: Vom deutschen Sprachunterricht in der Schule und von deutscher Erziehung und Bildung überhaupt mit einem Anhang über die Fremdwörter und einem neuen Anhang über das Althochdeutsche in der Schule. Leipzig u. Berlin. Klinkhardt, I. Aufl. 1879. III. Aufl. 1887.

12. Rossberg, Konr.: Deutsche Lehnwörter in alphabetischer Anordnung. Zusammengestellt und auf ihren Ursprung zurückgeführt. Hagen u. Leipzig 1881.

13. Riegel, Herm.: Ein Hauptstück von unserer Muttersprache, der allgemeine deutsche Sprachverein und die Errichtung einer Reichsanstalt für die deutsche Sprache. Braunschweig. I. Aufl. 1882. II. Aufl. 1887.

14. —, Der allg. deutsche Sprachverein, als Ergänzung des vorigen. Heilbronn 1885.

15. Dunger, Dr. Herm.: Wörterbuch von Verdeutschungen entbehrlicher Fremdwörter, mit besonderer Berücksichtigung der von dem grossen Generalstabe, im Postwesen und in der Reichsgesetzgebung angenommenen Verdeutschungen. — Mit einer einleitenden Abhandlung über Fremdwörter und Sprachreinigung. Leipzig, Teubner, 1882.

16. —, Das Fremdwörterunwesen in unserer Sprache. Zeitfragen des christl. Volkslebens (Heft 65). Bd. X. Heft 1, 1884.

17. Sanders, Dan.: Verdeutschungswörterbuch. Leipzig, Wigand, 1884.

18. Buchner, Dr. W.: Beiträge zu einem Verdeutschungswöterbuch. Jahresbericht der städt. höh. Mädchenschule zu Krefeld 1885.

19. Denk, Dr. M. O.: Die Verwelschung der deutschen Sprache. Ein mahnendes Wort an das deutsche Volk und die deutsche Schule. Gütersloh 1885.

20. Sarazin, Otto, Reg.- u. Baurat: Verdeutschungswörterbuch. Berlin 1886.

21. Arndt, Dr. O.: Gegen die Fremdwörter in der Schulsprache. Paderborn 1886.

22. Gildemeister, O.: Der Kampf gegen die Fremdwörter. (Deutsche Rundschau. Bd. 48.) 1886.

23. Grimm, H.: Die Bereicherung der deutschen Sprache

durch Aufnahme fremder Wörter. Ein Essay. (Deutsche
Rundschau, Bd. 48.) 1886.

24. Blasendorff, Dr. K.: Das Fremdwörterunwesen und
die Pflichten der höheren Schulen im Kampfe gegen
dasselbe. Deutsche Zeit- u. Streitfragen. Neue Folge,
I. Jahrgang, Heft 4. 1886.

25. —, Verdeutschungswörterbuch für Schule und Haus.
Berlin, Weidmann, 1887.

26. Behaghel, Dr. O.: Die deutsche Sprache. (Das Wissen
der Gegenwart, LIV. Bd.) 1887.

27. Sarazin, O.: Beiträge zur Fremdwortfrage; gesam-
melte Aufsätze. Berlin 1887.

28. Rümelin, G., Kanzler der Universität Tübingen: Die
Berechtigung der Fremdwörter. Freiburg i. B. 1887.

29. Dunger, H.: Die Sprachreinigung und ihre Gegner.
Eine Erwiderung auf die Angriffe von Gildemeister, Grimm,
Rümelin und Delbrück. Festschrift zur Begrüssung der
I. Hauptversammlung des allg. deutschen Sprachvereins.
Dresden 1887.

30. Pietsch, D. P.: Der Kampf gegen die Fremdwörter;
eine zeitgemässe Auseinandersetzung. Berlin 1887.

31. Nochmals das Fremdwort. Gründe und Grenzen seiner Anwendung. Die Bewegung gegen dasselbe oder die
sogenannte Sprachreinigung. Ihre Bedenklichkeit. (Besonderer Abdruck aus der allg. deutschen Universitäts-
Zeitung. Berlin, Eckstein Nachf. 1887; besprochen und
widerlegt in der Kölner Zeitung No. 173, I. Blatt vom
23. Juni 1888.)

32. Meyer-Markau, W.: Fremdwort und Schule pädagogische Zeit- und Streitfragen, I. Bd., 3.—4. Heft. Gotha
1887.

33. Reinecke, Ad.: Nachteile und Missstände der Fremd-
wörterei, sowie Mittel zu ihrer Bekämpfung. Berlin
1888.

34. Logander, L.: Ein Wort für unsere Fremdwörter.
Kiel u. Leipzig 1888.

35. Jansen, Prof. K.: Der Kampf gegen die Fremdwörter
ein Kampf gegen die Welschsucht. Kiel und Leipzig
1888.

36. Loos, Prof. Dr. Jos.: Die Bedeutung des Fremdwortes

für die Schule, eine methodische Abhandlung. Prag 1888.

37. Hess, Gymn.-Dir.: Über den Wert der deutschen Sprache für nationales Bewusstsein und nationalen Zusammenhalt. (Zeit- u. Streitfragen, neue Folge, II. Jahrgang, Heft 16. 1888.)

38. Zeitschrift des allgemeinen deutschen Sprach-vereins.

www.ingramcontent.com/pod-product-compliance
Lightning Source LLC
Chambersburg PA
CBHW022027080426
42733CB00007B/758